U0755402

现代化档案管理与档案信息建设发展

杨　枫　苏锡云　代剑国　著

吉林摄影出版社

·长春·

图书在版编目(CIP)数据

现代化档案管理与档案信息建设发展 / 杨枫,苏锡云,代剑国著. --长春：吉林摄影出版社，2024.8.
ISBN 978-7-5498-6189-7

Ⅰ. G270.7

中国国家版本馆 CIP 数据核字第 2024RL2103 号

现代化档案管理与档案信息建设发展
XIANDAIHUA DANGAN GUANLI YU DANGAN XINXI JIANSHE FAZHAN

著　　者：杨　枫　苏锡云　代剑国
出 版 人：车　强
责任编辑：罗　晗
开　　本：787mm×1092mm　1/16
字　　数：133 千字
印　　张：10
版　　次：2024 年 8 月第 1 版
印　　次：2024 年 8 月第 1 次印刷

出　　版：吉林摄影出版社

发　　行：吉林摄影出版社

地　　址：长春市净月高新技术产业开发区福祉大路 5788 号

　　　　　邮编：130118

电　　话：总编办：0431—81629821

　　　　　发行科：0431—81629829

印　　刷：北京银祥印刷有限公司

ISBN 978-7-5498-6189-7　　　　定　　价：65.00 元

前　言

当今社会不断进步,档案管理工作理应与时俱进,才能满足社会各行业对档案管理工作的实际需求。档案管理工作本身是一项系统、长期的烦琐工作。在档案管理工作实施过程中,容易出现多样化的纰漏,不利于档案资源价值的利用。因此,在现代档案管理工作中,必须立足于档案管理工作实际,采取完善的档案管理制度,推进档案管理信息化进程,加强培养专业化档案管理人才,以此不断地提高档案管理水平,进一步推动档案管理事业的发展。

档案管理现代化是档案工作发展的必然趋势,也是高科技发展的必然结果。研究这种趋势,设计档案现代化管理的模式,进而更新档案管理的观念、手段乃至方法,是档案管理工作面临的共同任务。从 20 世纪 80 年代开始,我国档案部门就已开展档案管理现代化研究,档案管理软件系统功能也由"点"到"线"再到"面",呈现出不断地提高与完善的趋势。目前,我国对档案管理与信息统计的研究还处于不断发展阶段,还需要档案管理研究者从更大的视角,以更为精准的研究方法与手段不断地加大对这一领域的研讨。如此才能找到能够为我国当前社会经济发展所需的先进档案管理策略与方法,并建构起良好的档案管理体系与机制,进而在档案管理与使用实践中让该管理体系不断地得到深化发展。

总之,档案信息建设是一项长期而又具体的工作,其实现并不是档案馆(室)某一部门的工作,更不是单靠几个技术人员,它需要所有档案人员的积极参与和配合,档案队伍素质对档案信息化建设至关重要,因此,档案队伍计算机技能的提高是目前档案部门素质教育的重中之重。信息化是当今世界和社会发展的大趋势,档案馆(室)只有积极迎难而上,更快更好地去接受这种信息化的转变,才能适应社会和时代发展的需要,更好地服务社会。

目 录

第一章　档案管理概述

　　档案和档案管理工作源于人类文明的早期。有了档案,就有了档案管理工作。在古代,由于档案数量比较少,种类单一,利用范围狭窄,档案管理与图书、资料等其他文献的管理没有明确的界限,在管理人员、管理机构、管理制度等方面没有区分开来。近现代以来,档案管理工作才发展成为一项独立的业务工作。随着人类科学技术的进步以及社会活动领域的拓展,各种门类和载体形式的档案大量增加,国家机关、社会组织和个人在其活动中产生了数量众多、种类多样、载体各异、内容丰富的档案。同时,社会对档案的需求日益增强,需要设立专门的档案管理机构,并由受过专门的档案教育或培训的人员对其进行系统管理,为社会各项事业发展提供档案利用和服务。

第一节　档案及档案管理工作的性质和特点

　　档案作为档案管理工作的特定对象,其性质和特点决定了档案管理工作的性质和特点。

一、档案的性质和特点

　　档案是各类主体,包括国家机关、社会组织和个人在其实践活动中直接形成的历史记录。档案的形式和内容往往保留了一些原始的标记,如形成日期、签名、印信以及档案本身的物质载体形式等,这些原始的印记充分体现了档案的原始记录性。原始记录性是档案的本质属性,使档案与图书、资料等文献区别开来,并决定了档案和档案工作拥有独特的社会地位和社会功能。

　　档案的原始记录性,使档案具有重要的凭证作用和参考作用。首先,档案的内容反映了事物、事件的历史真相和事实,这使档案成为解决政治争端、经济纠纷和个人事务的最权威、最可信的凭证。其次,档案记录了社会制度的变迁,历史、文化的发展,机构的沿革和家族的渊源,它对于科学研究(尤其是历史研究)、政治决策和经济建设具有重要的参考作用。最后,档案的原始记录性决定了其对于文明传承、文化传播和家族寻根的重要纽带作用。

　　档案与图书、资料等其他类型的文献之间在形成规律、内容特征、编订出版、保密性、版本等方面存在明显的差异:档案是特定的社会组织或个人基于一定的社会活动而客观形成的,不是人为构思、编写而成的;档案在内容上是原始的记录,是信息和知识的源头,而图书在总体上是人类知识和智慧的结晶,具有逻辑性;档案一旦形成,一般不能对其随意修改,而对图书则可以进行改编、修订等演绎活动;档案文件自形成之日到对外开放有相当长的一段封闭期,在封闭期内档案信息是保密的,而图书资料则强调文献信息的及时传播和交流;档案一般是孤本,而同一本图书则有若干印本,内容相同的图书还可以由不同的出版社出版,版本各异。

　　档案产生的领域非常广泛,反映了人类在政治、军事、经济、科学、技术、文化以及宗教等各项社会领域的活动。这不仅使档案具有纷繁的内容,而且具有多样的种类,如文书档案、科技档案、人事档案、诉讼档案、财会档案,以及宗教、艺术档案等。此外,档案的载体形式也是多种多样的,除了我们常见的纸质档案以外,还有古代的甲骨档案、泥版档案、金石档案、简牍档案,近现代以来的缩微档案、声像档案、电子档案等。

二、档案管理工作的性质和特点

　　档案管理工作是用科学的原则和方法管理档案,提供档案为各项社会实践服务的一项工作。其基本任务是科学地管理好有价值的档案,以满足社会对档案的利用需要。

(一)档案管理工作的性质

首先,在宏观上,档案管理工作是国家科学文化事业体系的组成部分。档案因其原始记录性而具有存史、鉴古、资政等重要的功能,是构成国家记忆、社会记忆、民族记忆不可或缺的重要信息源。档案管理工作须收集、保管和整理档案,承担起记录历史,珍藏记忆,传承文化的社会重任。其次,在微观上,档案管理工作是机关、团体各项管理工作的组成部分,具有辅助管理的性质。如会计档案管理是财务管理工作的组成部分,科技档案管理是生产管理、技术管理和科研管理的重要组成部分。再次,档案作为一种原始文献,蕴藏了大量的原始信息,这使档案和档案工作成为文献信息管理系统的重要组成部分。随着档案管理工作的发展,档案开放程度的扩大,社会对档案需求的提高,档案管理工作的重心逐步从保管好档案实体向档案信息的开发利用方向发展。

(二)档案管理工作的特点

由于档案的原始记录性,使得档案管理区别于图书、资料等其他文献的管理工作,呈现出如下特点:

1. 档案资源积累的缓慢性

档案是随着人们实践活动的开展而逐步积累起来的,它不可能像图书资料那样大量印刷和广泛发行。档案大多是"孤本",不能随意复制,尤其是历史档案,能够流传至今的很少。因此,档案资源的积累是比较缓慢的,档案与一般的图书资料相比,更显珍贵。这使档案的保管和保护受到了高度重视,而无形中降低了它的利用率。

2. 档案管理过程的阶段性

在我国,档案管理分为两个阶段:档案室阶段和档案馆阶段。处于不同阶段的档案具有不同的价值,档案的管理方式以及服务对象也由此有所不同。在档案室阶段,档案主要为其形成单位控制和使用,为本单位的日常工作提供凭证和参考,具有中间过渡性;在档案馆阶段,档案对其形成者的作用降低,而社会价值增加,进入永久保存期。档案馆阶段的档案管理工作不仅需要保管好档案,而且要积极提供档案为社会各界服务。

3.档案管理活动对档案形成者的依附性

档案是在其形成者活动过程中产生的,反映了形成者的全部历史及其观点、经验和成果,包含了与其形成者利益密切相关的事实和数据。因此,档案与其形成者是不可分的,其价值与它的形成者有密切联系。档案对形成者的依附性,使得档案难以像图书、资料那样被广为传递和交流,这在某种程度上限制了档案管理活动的范围。

4.档案管理工作对社会的相对封闭性

档案直接关系到其形成者的切身利益,并且有相当一部分档案涉及国家的政治、军事、经济与技术秘密。所以,档案自形成之日起,对外有相当长的封闭期,过了这段封闭期以后,才能有选择地向社会开放。档案管理的封闭性和图书资料所追求的时效性形成了鲜明的对比。档案管理的封闭性造成了档案保管和利用的矛盾,这种矛盾贯穿档案管理的整个过程,并推动档案管理工作不断向前发展。

第二节 档案管理工作的内容与范围

一、档案管理工作的内容

档案管理工作的基本内容一般包括八项:收集、整理、鉴定、保管、统计、检索、编纂和利用工作。其中,档案的收集、整理、鉴定、保管和统计工作是档案管理的基础业务工作,主要是针对档案实体的管理,对档案实体进行有序组织、排列和统计,建立数量充足、种类齐全、载体多样的馆藏体系,为档案的利用服务奠定档案资源基础。档案的检索、编纂和利用工作是在档案实体管理的基础上,对档案信息进行的组织、加工和提供利用,属于档案信息管理工作,主要目的是提供档案为社会利用需求服务。随着档案管理现代化的发展和档案利用工作的加强,档案编目检索工作和档案编纂工作逐渐成为相对独立的档案业务工作,这使档案管理工作的内容结构发生了变化。

二、档案的类型及档案管理工作的范围

现代档案数量众多,种类复杂,不同种类的档案构成了档案管理的不同方面。

(一)按照档案的不同内容,可分为普通档案管理和专门档案管理

普通档案通常是指文书档案,是各级机关、团体、企事业单位在日常活动中形成的事务性材料,包括党务档案、国家政务档案、机关事务档案等。

专门档案是在一定的专业领域和专门业务活动中形成的、反映特定的业务活动内容的专用文件材料。专门档案种类繁多,包括科技档案、人事档案、会计档案、教学档案、司法档案、艺术档案、外交档案等。

普通档案具有与专门档案不同的特点。普通档案是党和国家各级机构在日常事务性管理活动中形成的文书材料,有通用的公文规格和格式,有固定的文件处理程序,来源广泛,内容丰富,是目前各级综合性档案馆馆藏的主要部分。专门档案具有特有的形成规律,在形式上有其特殊性,它不经过机关收发文登记,每一类专门档案有比较特殊的文件形式和特定的格式,如图纸、报表、账簿、试题卷等。同一类专门档案来源较窄,一般在一个专业主管单位集中形成,内容比较单一,同类文件数量较多。每一种专门档案都有自己的特点,因此,在管理上要采取不同的方法。

(二)按档案的载体形式,分为纸质档案管理和特殊载体档案管理

纸质档案以文字为表述形式,以纸张为载体,目前在国家全部档案中占绝大多数。特殊载体的档案是记录在非纸质载体(如磁性载体或其他化学合成材料)上,以图像、声音等非文字手段为表述形式的特殊形式的档案,包括声像档案、缩微档案、电子档案等。

特殊载体的档案在制成材料以及信息存贮方式等方面都不同于普通

的纸质档案,因此,在保管条件和保管方法上具有特殊性。

(三)按档案的性质,分为公共档案管理和私人档案管理

公共档案是指政府机关(或公共管理机关)在行政(或公共)事务管理中形成的档案,公共档案是属于社会的公共财产,由各级公共档案馆收藏,并向社会公众提供服务。

私人档案主要是指私人企业、教会、私立大学、私人家族和个人在其活动中形成的档案。私人档案一般归私人(法人或自然人)所有,不向公众开放。由于私人档案中有不少具有重要的历史文化价值,因此,很多国家通过立法等形式对私人档案的管理采取了国家干预。我国档案法虽然没有规定私人档案的概念,但确认了档案的不同所有权形式,规定属于国家所有的档案,要按照规定向国家档案馆移交;集体所有和个人所有的对国家和社会具有保存价值的或者应当保密的档案,档案所有者应当妥善保管。

(四)按照档案形成时期的不同,可分为古代档案、近代档案和现代档案管理

在我国,古代档案是指1840年以前形成的档案。从1840年到1949年中华人民共和国成立之前形成的档案,称为近代档案。中华人民共和国成立以后形成的档案,称为现代档案。其中,古代档案和近代档案又可统称为历史档案。

综上所述,由于档案种类和类型的多样性,档案管理的范围非常广泛。不同类型的档案具有不同的形成规律和特点,需要采用不同的方法,由此形成了档案管理的各个专门领域,如文书档案管理、科技档案管理、人事档案管理、会计档案管理、教学档案管理等。

第三节　档案管理工作的基本原则

我国1987年颁布的《档案法》第一章第四条明确规定:"档案工作实

行统一领导、分级管理的原则,维护档案完整与安全,便于社会各方面的利用。"这是通过立法的形式确定了我国档案工作的基本原则,是对中华人民共和国成立以来我国档案工作基本经验的总结,也是对我国档案工作基本原则的发展和完善。这一原则的基本思想包括三个部分:

(1)确立了档案工作的组织原则和管理体制——统一领导、分级管理国家全部档案。

(2)提出了档案管理的基本要求——维护档案的完整与安全。

(3)体现了档案工作的根本目的——便于社会各方面的利用。

一、统一领导、分级管理国家全部档案

统一领导、分级管理国家全部档案,这是我国档案工作的组织原则和管理体制。其基本内容可概括为如下三个方面:

(一)国家全部档案由各级、各类档案保管机构集中保存

根据我国档案法的规定,对于国家所有、集体所有和个人所有的档案,采取不同的管理办法。国家机关、国有企业及企事业单位形成的档案,必须按照规定定期向本单位档案机构或者档案工作人员移交,集中统一管理,任何人不得据为己有。国家机关或专业系统的档案需要长久保存的,应按照规定向各级综合性档案馆或专业性档案馆移交。集体和个人所有的对国家和社会具有保存价值的或者应当保密的档案,档案所有者应妥善保管。档案所有者可以向国家档案馆寄存或出卖。

(二)全国档案工作,由各级国家档案行政管理机关统一、分级、分专业地进行管理

统一管理是指国家行政管理机关主管全国的档案工作,对全国档案工作实行全面规划和统筹安排,制定档案法规和标准,提出统一的档案事业发展方针政策,进行档案业务指导和监督。

分级管理是指县级以上各级人民政府的档案行政管理机关主管本行政区域内的档案工作,按照国家规定并结合本地区的实际情况,制定本地

区的档案工作规划和制度,并对本地区内的机关、团体、企事业单位和其他组织的档案工作实行指导和监督。

分专业管理是指中央各专业主管机关在国家档案行政管理机关的指导下,针对本专业系统的特点,制定本专业系统档案工作的规划和制度,对本专业系统内的档案工作进行指导和监督。

(三)党、政档案和党、政档案工作实行统一管理

1959 年以前,我国实行的是党、政档案分开管理的体制。根据中共中央 1959 年 1 月 7 日下发的《关于统一管理党、政府档案工作的通知》的规定,我国实行了党的档案工作和政府档案工作的统一管理,各级党委直接领导的体制。这种领导体制曾发生了几次变动,但党、政档案和党、政档案工作统一管理的管理体制没有发生变化。

二、维护档案的完整与安全

维护档案的完整与安全,是档案管理工作的基本要求。只有保证档案的完整与安全,才能维护历史的真实原貌,为档案工作提供必要的物质基础。

(一)维护档案的完整

档案的完整性包括两方面的含义:档案数量的齐全完整和档案整理的系统性。档案数量的齐全完整,要求凡是具有保存价值的档案都要收集齐全,避免残缺短少,实现一个单位、一个系统、一个地区和一个国家真正有保存价值档案在数量上的完整性。档案整理的系统性是指遵循档案的形成规律,维护档案之间的有机联系,将其组成一个有机的整体。这样才能反映一个单位、一个地区乃至整个国家从事社会活动的过程和基本历史面貌。

(二)维护档案的安全

档案的安全性包括两方面含义:档案实体的安全和档案内容的安全。档案是珍贵的历史记录,往往只有一份孤本,而且年代越久远的档案,其

价值就越高。但由于社会和自然的因素,档案材料不免会遭到损毁。因此,应尽可能延长档案的寿命,保证档案实体的物理安全。同时,也要避免档案机密的泄漏或遭人为破坏,保证档案信息内容的安全。

三、便于社会各方面的利用

便于社会各方面的利用是档案管理工作的根本目的,也是检验档案工作效果的重要标准。便于社会各方面利用的原则,应始终贯穿档案工作的各个方面和各个业务环节中,它是我们制定档案规章制度和组织档案业务工作的出发点,并以此作为主要标准去检查和评价档案工作的质量。

我国档案管理工作基本原则的三个方面是相互联系、相互统一的。统一领导、分级管理是核心,没有统一领导、分级管理的管理体制保证,维护档案的完整和安全,便于社会各方面的利用就很难实现;维护档案的完整和安全是手段,没有档案的完整与安全,就谈不上档案的方便利用;便于社会各方面的利用是目的,离开了这个目的,维护档案的完整与安全就失去了意义和方向。因此,应该全面地理解和贯彻执行档案工作的基本原则。

第四节　档案管理机构及职能

按照我国《档案法》等法律法规的规定,根据统一领导,分级管理的原则,对国家的全部档案和全国档案工作,必须设置全国规模的档案机构进行管理。各单位的档案,由单位内设立档案室(处、科)集中管理;各单位形成的需要长久保存的档案和历史档案,设立各级各类档案馆统一保管;全国的档案工作,由各级档案行政管理机关统一、分层负责进行监督和指导。这些档案保管机构和档案行政管理机构,在全国范围内构成了一个严密、完整的组织体系。

一、档案室

档案室是各组织(包括机关、团体、学校、工厂、企业、事业单位等)统一保存和管理本单位档案的内部机构,是整个机关的组成部分,属于单位管理和研究咨询性质的专业机构。党、政、军等机关的档案室,又是机关的机要部门之一,具有机要部门性质。档案室是国家档案工作组织体系中最普遍、最大量、最基层的业务机构。

(一)档案室的性质、作用和任务

1.档案室的性质

档案室作为全国档案工作体系中最基层的档案业务机构,主要表现为以下三个方面的性质:

(1)档案室是机关的内部组织机构。

(2)档案室是保存档案的过渡性机构。

(3)档案室的主要任务是服务本机关。

2.档案室的作用

(1)档案室是机关内具有参谋和咨询作用的部门,为机关职能活动提供档案信息支持。

(2)档案室是全国档案工作的基础。档案室是国家档案资源不断补充和积累的源泉。

3.档案室的任务

档案室的基本任务是:集中统一地管理本机关各部门形成的各种门类和载体的全部档案,为本机关各项工作服务,并为党和国家积累档案史料。

档案室的具体任务在《机关档案工作条例》《机关档案工作业务建设规范》等法规中有明确规定,可概括为以下三个方面内容:

(1)对本机关文书部门或业务部门文件材料的归档工作进行指导和监督。

(2)负责管理本单位具有长久保存价值的全部档案和相关材料,并提供利用。

(3)定期向对应的档案馆移交具有长久保存价值的档案。

(二)档案室的类型

1.普通档案室

普通档案室通常也称机关档案室、文书档案室,它主要负责管理机关的党、政、工、团文书档案。这种档案室在全国最为普遍。

2.科技档案室

科技档案室是指保管科技档案和科技文件资料的专门档案机构。在工厂、设计院、科学技术研究院等单位一般都设有科技档案室。

3.音像档案室

这是保存影片、照片、录音等特殊载体档案的档案室。电影公司、制片厂、新闻摄影部门、广播事业部门等单位一般都设有音像档案室。

4.人事档案室

由于人事档案自身的特殊性,它一般与其他各类档案分开管理,有必要设置专门的人事档案室进行保管。人事档案室通常依附于机关内人事管理部门或组织部门。

5.综合档案室

这是统一管理本单位全部档案的综合性机构。它统一管理本机关形成的各种普通档案、专门档案和特殊载体的档案,在资源配置和信息综合开发利用方面具有突出的优势。

6.联合档案室

这是同一地区,特别是同一市镇内的一些机关联合起来设立一个档案机构,负责保存和管理这些单位的档案,这种机构通常称为联合档案室。

7.企业档案信息中心

企业档案信息中心也称信息中心。它是一些大型企业在原有的图书、档案和情报机构基础上建立的,集档案、图书、情报于一体的信息管理机构。企业信息中心的设立有助于企业适应信息网络环境下信息集成管理的需要,实现信息资源的联合开发和共享。

二、文件中心和档案寄存中心

(一)文件中心

文件中心是介于文件形成单位和档案馆之间的一种过渡性的档案管理机构,它是一种社会化、集约化和专业化的档案管理机构。

文件中心主要有政府文件中心和商业性文件中心两类。政府文件中心是由县级以上人民政府建立的,为政府机关单位和社会提供服务的非营利性的文件与档案管理机构。商业性文件中心,是由有关机构或个人创办的一种营利性的档案管理机构,主要面向工商企业或个人从事文件存储、文件管理和文件服务业务。它不属于国家档案管理系统之列,但应执行国家有关的档案管理法规和标准。

(二)档案寄存中心

档案寄存中心是由国家综合档案馆或其他独立法人设立的,为各类企业、社会团体以及个人提供档案有偿寄存服务的机构。它主要是为不属档案馆接收范围的或不具备档案安全保管条件的各类企业、破产单位、社会团体、公民个人等,提供文件与档案的寄存服务。档案在寄存中心保管期间,所有权形式不变,档案馆一般只提供安全保管服务。1998 年 10 月,深圳市档案馆设立了全国首家档案寄存中心。

第二章　现代档案的特点与档案管理工作的发展趋势

第一节　现代档案的特点

一、数量激增,种类多样

由于社会的发展和科学的进步,档案的数量与日俱增。尤其是在第二次世界大战结束以后,从 20 世纪四五十年代开始,以原子能、电子计算机和空间技术的广泛应用为主要标志的第三次科技革命浪潮的兴起,推动科学技术迅猛发展,社会职能不断扩大,社会分工日趋细分。在这样的社会技术背景下,科学技术档案和其他专门档案的数量急剧增长,逐渐从普通档案中分离出来,导致档案种类的多样化和档案管理范围的扩大。

二、来源广泛,内容繁杂

现代社会职能活动范围越来越广泛,各单位的联系和交流也不断扩大,致使档案的来源十分广泛和分散,内容极其丰富。档案记录了从古至今社会经济、政治、法律、军事、外交、科学技术、文化教育等各方面的情况。科学发展的分化与综合以及相互渗透的特点,科学与社会、经济日益密切的关系等都反映在档案内容上,使档案的成分和内容更加纷繁复杂。

三、载体形式多样化

现代社会,传统的纸质档案虽然仍占据统治地位,但特殊载体形式的档案,包括缩微档案、声像档案及电子档案等大量出现,尤其是电子档案的出现和普及,推动了整个档案管理工作的变革。档案载体形式的变化促使人们寻找档案长久保存、档案信息的传递和利用的新的手段和方法。

四、社会对档案的需求增加

信息时代,社会对信息的需求空前增加,各行各业都要求尽快获取充分而准确的信息。档案作为一种重要的信息源,越来越多地受到了人们的关注,社会对档案信息的存贮、传递、利用提出了更高的要求。

现代档案数量大、门类广、内容复杂、形式多样的特点以及社会对档案需求的增长,对档案管理工作提出了新的要求,推动了档案管理工作的发展和变革。

第二节 档案管理工作的发展趋势

一、档案管理模式的变革——文档管理的一体化和图书、情报、档案管理的一体化

(一)文档管理的一体化

文档管理的一体化是指,从文书和档案工作的全局出发,实现从文件的制发到归档管理的全过程管理,将文件管理和档案管理融为一体。即将现行文件的产生、归档及档案管理纳入一个管理系统,采取统一的工作制度、程序和方法,而不再将文件管理和档案管理视为两个相互独立、界限分明的管理系统,从而有效地减少了重复劳动,提高了文档管理工作的效率。文档一体化具体主要包括以下几个方面:

(1)文档实体生成一体化。即对公文、档案从生成、流转、归档形成档案直至被销毁为止的整个生命周期进行全面管理。

(2)文档管理一体化。从管理体制、组织机构、人员配备等方面保证一体化的实现。

(3)文档信息利用一体化。可直接通过文档检索系统查找所需要的

文件或档案。

（4）文档规范一体化。文档一体化要求在公文办理和档案管理中实施统一协调的规范和要求。

文件生命周期理论是文档一体化的理论依据。文件生命周期理论认为，文件从其产生到最终销毁或进馆永久保存是一个完整的生命运动过程，档案与文件并没有本质的区别，实质上是同一事物，两者只不过处于不同的生命阶段而已，因此，将文件与档案纳入一个统一的管理系统，实行一体化的管理，遵循了文件运动的客观规律。

计算机技术的应用，办公自动化的普及以及档案管理网络化的发展，为文件和档案的一体化管理提供了技术环境。在办公自动化条件下，人们可以轻松地在计算机上起草文件并通过网络进行传输和办理，最后决定是否销毁或归档保存，文件与档案之间不再有明确的界线。利用文档一体化管理软件，人们可以随时将已经处理完毕的文件归档。而在传统的管理模式中，文件管理和档案管理是两个相互独立的阶段，文件办理完毕以后归档整理的周期较长，文件转化为档案有一个明显的过程，在此过程中，不可避免地造成了重复劳动，如文件的重复著录和标引等。

文档一体化系统是实现电子文件全过程管理和前端控制的重要平台。在文档一体化系统中，可以对电子文件的产生、运转、归档管理或销毁的全过程实施控制和管理，更为重要的是，档案人员可以从系统的设计之初就介入其中，使系统的设计和实施能够体现文件的档案化管理思想，这对于保证电子文件的真实性和完整性极为重要。

（二）图书、情报、档案的一体化管理

图书、情报、档案各有其特点，图书具有比较系统的知识体系，情报是用来消除不确定性的特定信息，档案是记录人们社会活动的原始信息，但三者在功能上可以互补。随着现代信息技术的发展，三者的一体化管理方案将日趋成熟。图书、情报、档案一体化的管理模式具有突出的优势，首先，可以提高信息的综合度，充分组织和开发利用各类信息资源，满足生产、生活、领导决策和文化传播综合、集成的信息需要。其次，可以优化单位的资源配置,实现资源共享。近年来,许多大型企业在以前图书室、资料室和档案室的基础上进行资源重组,建立了企业信息中心,对图书、情报和档案实施一体化管理,将它们纳入统一的信息管理系统,能够充分利用各类信息资源,实现资源共享。再次,图书、情报、档案的一体化管理适应了社会信息化和数字网络环境对于各类信息综合集成的管理需要和利用需要。在信息网络环境下,图书、情报、档案等各类信息资源将不再是界限分明的孤岛,而是相互渗透、相互连接的信息集成。

当前,随着计算机技术、网络技术和现代通信技术的发展,两个"一体化"管理的发展趋势日趋明显,相应地,要求档案工作者改革思想观念,开阔视野,积极向纵向和横向延伸。所谓纵向,是指向前延伸至文件管理,应熟悉文件管理的理论与方法。所谓横向,是指图书与情报管理。档案作为一种独特的信息资源,与图书、情报之间存在密切的联系,档案工作者应该了解图书、情报工作的原理和方法,为三者的一体化管理奠定基础。

二、档案管理手段的变革——数字化和网络化

20 世纪中后期以来发生的以计算机技术为代表的现代信息技术革命,使档案管理的方式发生了变革,由传统的手工管理方式向数字化和网络化方向发展。所谓档案管理的数字化,是指借助计算机技术等现代信息技术,直接生成数字档案信息,或通过数字化技术,将存贮在传统介质上的模拟档案信息转换成数字信息,便于档案信息的网络传输和共享。数字化档案的产生主要有两个渠道,一是在数字网络环境下(尤其是在办公自动化环境下)直接产生大量的电子文件,通过在线或离线方式归档以后转化成电子档案。二是通过馆藏数字化,将原来存贮在纸张、缩微胶片、唱片、录音带、录像带等载体上的档案信息通过数字化处理后转换成数字信息,形成电子档案。数字化档案是实施档案网络化的必要前提。随着互联网的普及,档案管理网络化已是大势所趋。所谓档案管理网络化,是指通过网络接收、传递、开发和利用档案信息。档案管理数字化和

网络化已经并正在打破长期以来在纸质环境下形成的传统、封闭的档案管理模式,极大地提高了档案管理效率,为数字环境下档案信息的组织、开发和提供利用奠定基础。

三、档案管理对象的变革——纸质档案与电子文件的长期并存

数千年来,档案管理的主要对象一直是纸质的,人们对纸质档案的特征了如指掌,总结出了主要是针对纸质档案的较为全面、成熟的档案整理、鉴定和保管方式,积累了许多管理经验,并将其提升为档案管理的基本理论。而 20 世纪中后期以来的现代信息技术革命打破了纸质档案一统天下的格局,以计算机技术等数字技术为依赖的电子文件得以产生并大量增长,而且在互联网的普及过程中受到越来越广泛的认同,彻底的无纸化办公时代似乎为期不远了。那么,纸质档案是否会彻底消失,电子文件是否会完全取代纸张文件呢? 答案是否定的。由于人们阅读和使用纸张的习惯,以及电子文件本身在长期保持信息的完整和真实方面的缺憾等多种原因,使得纸质档案和电子文件将长期并存。电子文件的出现对档案管理工作提出了挑战,需要档案人员在对电子文件的管理实践中努力探索与之相适应的理论和方法,并处理好纸质文件和电子文件在管理中的衔接问题。

四、档案管理工作内容的深入——由档案实体管理向档案信息组织与管理发展

由于档案原件具有不可替代的凭证性,长期以来,人们对档案实体的收集、整理和保管工作倾注了大量心血和劳动,而对组织和管理档案信息资源有所忽略。随着信息社会的来临,社会信息意识的觉醒和加强,档案这种承载原始信息的文献越来越多地受到了社会的关注,档案的信息资源属性日益彰显。组织、管理和开发档案信息资源,提供档案信息为社会各界服务是当前社会信息化发展的需要,也是档案管理工作为适应信息

化环境而促使自身发展的需要。档案管理工作的内容在社会信息化进程中正逐步发生着一个明显的变化,即从对档案实体的管理深入到对档案信息的组织和管理。档案信息的组织和管理具体涉及档案检索、档案编研和开发利用工作。当前,这几项工作已经发展成为相对独立的档案管理工作。在实践中,我国采取了简化文件实体整理,深化检索的改革措施。我国自 2000 年以来实施了立卷改革,规定文书档案的整理改"卷"为"件",旨在简化整理,减少档案人员在档案实体整理环节上付出的劳动和时间,为深化和突出后期的档案检索和开发利用工作提供更充裕的精力和时间。

五、档案管理机构社会职能的拓展——档案馆的公共性和社会化服务将越来越突出

在我国,各级国家档案馆作为法定的保管国家档案资源的管理机构,属于科学文化事业机关,它所应具备的社会化服务功能尚未得到很好的发挥,长期以来,更多地扮演了党和政府的机要部门的角色。在我国政府职能转型和电子政务建设的过程中,加强政府的公共管理职能被普遍关注,与此相应,拓展国家档案馆的社会服务功能,突出其公共性的呼声日益高涨,公共档案馆的名称和概念开始越来越多地被人们使用和认可。公共档案馆由国家设立,其宗旨是面向社会和所有公民提供全方位的服务,其馆藏主要是国家机构和相关组织在公务活动中形成的公共档案以及其他反映社会各阶层活动的档案材料,其服务对象是全体公民,并为利用者提供良好的阅档环境。长期以来,我国各级国家综合性档案馆在馆藏结构和服务对象等方面的定位是以党和政府的机关部门为主,馆藏档案以各级党和政府部门的文书档案居多,而科技档案以及记载当地社会团体和公民的档案较少,加上档案馆封闭的服务方式,使档案馆与社会公众之间有一定程度的疏离。因此,只有在改善馆藏机构,丰富馆藏内容,加强档案馆社会化服务功能的基础上,才有可能使我国的各级国家综合性档案馆真正发挥公共档案馆的职能。

第三章 档案信息资源建设

第一节 档案信息的数字化

　　档案信息资源是国家信息资源的重要组成部分,做好档案信息资源收集、管理和开发利用,对于提升档案事业整体发展水平、促进社会经济全面发展,具有十分重要的意义。档案信息系统只有建立起内容丰富、门类齐全、容量充足、质量上乘、组织良好、整合有序、特色鲜明的档案信息资源体系,才能推进档案信息化全面、持续、有效地发展。

　　档案信息化处理的对象是数字档案信息,而传统档案都是模拟档案信息,因此,数字化是档案信息化的基础和前提。

一、纸质档案的数字化

　　《纸质档案数字化技术规范》将纸质档案数字化定义为采用扫描仪或数码相机等数码设备对纸质档案进行数字化加工,将其转化为存储在磁带、磁盘、光盘等载体上,并能被计算机识别的数字图像或数字文本的处理过程。纸质档案数字化适应了信息时代的大趋势,能够减少管理的成本,增强对档案原件的保护,节约存储空间,优化馆藏结构,有利于档案信息资源的有效利用与共享。

　　(一)纸质档案数字化加工方式

　　纸质档案的数字化加工方式主要有直接扫描法和缩微转化法两种。

　　1. 直接扫描法

　　所谓直接扫描法,是采用扫描仪对纸质档案原件进行光学扫描,将图像信息传送到光电转换器中变为模拟电信号,又将模拟电信号转变为数字电信号,再通过计算机接口传输至计算机存储器中。

直接扫描分为两种方式:

第一,扫描纸质档案后再运用字符识别(OCR)软件进行识别,最终生成文本文件。这种数字化文件的优点是:占据的空间小,便于计算机全文检索,便于档案利用时进行摘录和编辑。其缺点是:不能保持档案原件的排版格式以及签名、印章等原始信息;有时OCR字符识别的准确率较低,核对修改较为困难,数字化效率很低,且实际上已经破坏了档案原稿的真实性。

第二,扫描纸质档案后形成数字图像文件。这种图像文件的优点是:能保持档案的内容和排版的原貌,数字化速度快。缺点是:不能进行全文检索,不能编辑文字内容,且占据存储空间大。

以上两种方法的优缺点正好互补,现在有一种方法能将两者的优点融合在一个档案中,即制作双层PDF。其制作方法是:将纸质档案原件扫描成数字化图像文件后再转换成文本文件,然后将这两个内容一样的文件置入同一个PDF文件,将图像文件置于文本文件的上层,图像文件下层隐藏文本文件。查询该文件时,我们既能看到上层保持原貌的图像文件,同时也能对隐藏的文本文件进行全文检索。

2.缩微转换法

所谓缩微转换法,是针对已经缩微复制的档案,采用专用扫描设备(即缩微胶片扫描仪)将缩微胶片上的模拟影像转换成数字影像的方法。与直接扫描法相比,缩微扫描法更经济、简便、高效。然而这种方法必须建立在已经对纸质档案进行缩微加工的基础上。

值得注意的是,在对缩微胶片进行扫描加工后,原缩微胶片应与纸质档案一并保存,不能擅自销毁。由此,该档案形成"三套制"保存状态。虽然缩微胶片不如数字化档案容易保存、复制、查询、传播,但是作为模拟信息,缩微档案具有人工可读、稳定性好等数字化档案不具备的优势,又具有体积小等纸质档案不具备的优势,应当成为档案信息资源的重要补充形式。

(二)纸质档案数字化工作流程

纸质档案数字化是一个较为复杂的过程,其基本环节主要包括档案整理、档案扫描、图像处理、图像存储、目录建库、数据挂接、数据验收、数据备份、数字化成果管理等。

1.档案整理

在对纸质档案进行扫描之前,根据档案管理情况,按下述步骤对档案进行适当整理,并视需要做出标识,确保档案数字化质量。

(1)档案出库

一般来说,大批量纸质档案数字化,首先须将待数字化档案从档案库房搬移至临时周转库房;然后,数字化加工人员从周转库房领取档案进行数字化。无论前者还是后者,数字化加工人员都须按照预定计划,提出申请,经过审批,交接双方清点档案,实行登记,完成档案的交接手续。

(2)目录数据准备

按照《档案著录规则》等的要求,规范档案中的目录内容,包括确定档案目录的著录项、字段长度和内容要求。然后,为数字化档案检索建立目录数据库。建库可利用原有纸质档案的编目基础,原纸质档案目录如有错误或不规范的案卷题名、文件名、责任者、起止页号和页数等,应进行修改。如纸质档案未建立机读目录数据库,则应当按照档案著录规则重新录入。

(3)拆除装订

档案在拆除装订前可逐卷加贴条形码,以便在随后流程中通过识别条形码对扫描档案进行准确、高效的控制。该条形码还可为以后档案借阅利用管理提供便利。

然后,工作人员逐卷、逐页检查档案。对内容缺失、目录漏写、页码颠倒以及珍贵、破损的案卷进行登记,并提请档案保管机构妥善处理。

对于不去除装订物会影响扫描工作的档案,应拆除装订物。拆除装订物时,应注意保护档案不受损害。拆除装订物之后要将档案原件排好顺序,并用夹子夹起防止散乱。对于年代久远、纸质条件较差、不便于拆卷的,可采用零边距扫描仪扫描。

（4）区分扫描件和非扫描件

按要求把同一案卷中的扫描件和非扫描件区分开,剔除无关和重复的文件。

（5）页面修整

纸张的质量关系到扫描仪的选择和扫描效果,因此,必须对严重破损、褶皱不平、字迹模糊的档案做好登记,分别处理。如对褶皱的档案,可进行熨烫;对被污染的纸张,可在通风环境中用软毛刷轻轻刷去浮尘、泥垢或霉菌;对破损残缺的文件需要进行修补。

（6）档案整理登记

将经过整理后的档案原件交给扫描工作人员,制作并填写纸质档案数字化加工过程交接登记表,详细记录档案整理后每份文件的起始页号和页数。

（7）装订、还原、归还

扫描工作完成后,拆除过装订物的档案应按档案保管的要求重新装订。恢复装订时,应注意保持档案的排列顺序不变,做到安全、准确、无遗漏。对严重破损的卷皮、卷盒,重新更换。装订人员将装订完成后的档案,贴上专用封条并盖数字化专用章。档案数字化加工完毕并重新装订完成后,要对其进行清点。清点无误后交还给档案管理部门,并办理档案归还手续。

2. 档案扫描

（1）扫描设备选择

根据档案幅面的大小（A4、A3、A0 等）选择相应规格的扫描仪。大幅面档案可采用宽幅扫描仪,还可采用缩微拍摄后的胶片数字化转换设备进行扫描,也可以采用小幅面扫描后的图像拼接方式处理。纸张状况较差,过薄、过软或超厚的档案以及页面为多色文字的档案,可采用普通平板扫描仪扫描。纸质条件好的 A4、A3 档案,可采用高速扫描仪扫描,以提高工作效率。不宜拆卷的档案,可采用零边距扫描仪扫描。

（2）扫描色彩模式选择

扫描色彩模式一般有以下两种：

第一种是扫描形成黑白二值图像。这种图像只有黑白两级，没有过渡灰度。其特点是黑白分明、字迹清晰、文件容量较小。适用扫描字迹、线条质量清晰的文字或图纸档案。

第二种是扫描形成连续色调静态图像。这种图像分灰度图像和色彩图像两种。灰度图像由暗黑色到亮白色的不同灰度组成。灰度级表示图像从亮部到暗部间的层次，也称色阶。灰度级越高，层次越丰富，文件所占容量也越大。灰度模式适用于扫描黑白照片、图像档案，色阶的选择要适度，只要不影响图像质量即可。彩色模式中的色彩数表示颜色的范围，色彩数越多，图像越鲜艳真实，文件所占容量也越大。同样，色彩数选择也要适度，不是越多越好。彩色模式适合扫描页面中有红头、红印章的档案或彩色照片档案。需永久或长期保存，或向国家档案馆移交的档案，一般应采用彩色模式扫描。

（3）扫描分辨率

扫描分辨率参数大小的选择，原则上以扫描后的图像清晰、完整、不影响图像的利用效果为准，采用黑白二值、灰度、彩色几种模式对档案进行扫描时，其分辨率一般均建议选择大于或等于200dpi。特殊情况下，如文字偏小、密集、清晰度较差等，可适当提高分辨率。需要进行OCR汉字识别的档案，扫描分辨率建议选择300dpi。

（4）OCR处理

目前，OCR处理技术已经相当成熟，一般扫描仪都自带OCR软件，使用也很方便。然而OCR的识别准确率通常不尽如人意，由此影响检索效果。而依靠人工纠正文稿中的错字又非常麻烦。因此，提高OCR识别率是档案数字化中比较重要的问题。其实，只要注意以下几点，就可以明显提高OCR识别率。

第一是选择适当的扫描分辨率。太低的扫描分辨率通常会造成OCR识别率的下降，太高的分辨率会使图像文件过于庞大，且降低识别的速度。在实际操作中,操作人员可通过查看 OCR 识别后生成文本中的红色错字数量(如小于 3%),判断其可接受程度,确定是否采用该分辨率扫描并进行 OCR 识别。

第二是尽量采用黑白二值模式进行扫描。用扫描仪扫描文件时,通常 OCR 识别接受灰度或黑白二值模式,不接受彩色模式。如果文稿印刷质量好,可采用灰度模式,否则,宜采用黑白二值模式。扫描时可手工调节黑白阈值的大小,如黑白二值图像上文字轮廓残缺,则适当增加阈值;若文字轮廓线太粗,则表示信息冗余较多,可适当减少阈值。这样调节后形成的黑白二值扫描图像,可以达到较佳的 OCR 识别效果。

第三是在进行 OCR 识别时注意文字的倾斜校正。OCR 识别允许文稿有细微的倾斜,但是过度倾斜会影响识别率。校正方法是:点击扫描软件上的倾斜校正按钮,识别软件会自动将图像校正,再进行 OCR 识别。

第四是对稿件进行识别前的预处理。去除文稿上的杂点和图片,因为杂点会干扰文字识别,图片是不能被识别的,且会影响 OCR 的文字切分。针对文稿中出现分栏的情况,建议用手动设定各栏区域,即用多个框分别选中要识别的文字,然后进行 OCR 识别。

第五是采用适当的识别方式。简体和繁体混排,中英文混排的文稿通常识别率较低。如果文稿中简繁体、中英文是呈块状分布的,可以用图像处理软件,将不同的文字块剪辑成同类文字块合并的文件,然后分别对不同文字进行 OCR 识别。

(5)扫描登记

认真填写纸质档案数字化转换过程交接登记表,登记扫描的页数,核对每份文件的实际扫描页数与档案整理时填写的文件页数是否一致,不一致时应注明具体原因和处理方法。

3.图像处理

扫描完成后,必须按照要求将所得图像进行技术处理,纠正档案扫描件和原件的偏差,使扫描后的档案图文更加清晰、规范。图像处理大致包括以下内容:

（1）图像数据质量检查

对图像偏斜度、清晰度、失真度等进行检查。发现不符合质量要求时，应重新对图像进行处理。由于操作不当，造成扫描的图像文件不完整或无法清晰识别时，应重新扫描；发现文件漏扫时，应及时补扫并正确插入图像；发现扫描图像的排列顺序与档案原件不一致时，应及时调整。认真填写相关表单、记录质检结果和处理意见。

（2）纠偏

对出现偏斜的图像应进行纠偏处理，以达到视觉上基本不感觉偏斜为准。对方向不正确的图像应进行旋转还原，以符合阅读习惯。

（3）去污

对图像页面中出现影响图像质量的杂质，如黑点、黑线、黑框、黑边等应进行去污处理。处理过程中应注意不要破坏档案的原始信息。

图像拼接对大幅面档案进行分区扫描形成的多幅图像，应进行拼接处理，合并为一个完整图像，以保证档案数字化图像的整体性。

（4）裁边

采用彩色模式扫描的图像应进行裁边处理，去除多余的白边，以有效缩小图像文件的容量，节省存储空间。

以上纠偏、去污、裁边等处理，可以根据肉眼判断，人工操作完成。也可以用专门设计的软件，预先进行某些设定，然后由计算机自动处理。计算机处理当然效率高，但是没有人工处理灵活。例如，一旦将污点的大小尺寸设计得过小，计算机会将某些标点符号当作污点而自动去除。因此，扫描图像处理还须采用人工和自动处理相结合的方式。

4. 图像存储

（1）存储格式

采用黑白二值模式扫描的图像文件，一般采用 TIFF（G4）格式存储；采用灰度模式和彩色模式扫描的图像文件，一般采用 JPEG 格式存储。存储时压缩率的选择，应在保证扫描的图像清晰可读的前提下，以尽量减少存储容量为准则。提供网络查询的扫描图像，也可存储为 CEB、PDF

或其他版式文件格式。

（2）图像文件的命名

应采用档号或唯一标识符为数字档案资源命名。采用档号为数字档案资源命名的，若以卷为单位整理，按《档号编制规则》编制档号，推荐增设档案门类代码作为类别号的子项；若以件为单位整理，档号可采用全宗号—档案门类代码·年度—保管期限机构（问题）代码—件号·子件号结构。

5. 目录建库

（1）数据格式选择

目录建库应选择通用的数据格式，所选定的数据格式应能直接或间接通过 XML 文档进行数据交换。该数据库建立可以通过专用的档案管理系统或扫描加工管理软件录入，也可以先在 Excel 专门设计的档案目录表格中录入，然后将数据导入至档案管理系统。

（2）档案著录

按照《档案著录规则》的要求进行著录，建立档案目录数据库，并录入档案目录数据。

（3）目录数据质量检查

为了确保数据的准确性，可采用"单机录入—人工校对"或"双机录入—计算机自动校对"的方法。不管是人工校对还是计算机校对，都要核对著录项目是否完整，著录内容是否规范、准确，发现不合格的数据应进行修改或重录。

6. 数据挂接

（1）汇总挂接

档案数字化转换过程中形成的目录数据库与图像文件，通过质检环节确认合格后，通过网络及时加载到数据服务器端汇总。目录数据库与图像文件应避免采用既慢又容易出错的人工挂接，尽量采用计算机批量自动挂接。只要扫描制作的数字化文件是按纸质档案的档号命名，就可以通过编制挂接程序或借助相应软件，实现目录数据对相关联的数字图像的自动搜索,加入对应的电子地址信息等,实现批量、快速挂接。

(2)数据关联

以纸质档案目录数据库为依据,将每一份纸质档案文件扫描所得的一个或多个图像存储为一份图像文件。将图像文件存储到相应文件夹时,要认真核查每一份图像文件的名称与档案目录数据库中该份文件的档号是否相同,图像文件的页数与档案目录数据库中该份文件的页数是否一致,图像文件的总数与目录数据库中文件的总数是否相同等。利用每一份图像文件的文件名与档案目录数据库中该份文件的档号,建立起一一对应的关联关系,为实现档案目录数据库与图像文件的自动批量挂接提供条件。

(3)交接登记

认真填写纸质档案数字化转换过程交接登记表,记录数据关联后的页数,核对每一份文件关联后的页数与档案整理、扫描时填写的页数是否一致,不一致时应注明具体原因和处理办法。

7.数据验收

以抽检的方式检查已完成数字化转换的所有数据,包括目录数据库、图像文件及数据挂接的总体质量。目录数据库与图像文件挂接错误,或目录数据库、图像文件之一出现不完整、不清晰、有错误等质量问题时,抽检标记为"不合格"。一个全宗的档案,数字化转换质量抽检的合格率达到95%以上(含95%)时,予以验收"通过"。

合格率=抽检合格的文件数/抽检文件总数×100%。

认真填写纸质档案数字化验收登记表单。验收"通过"的结论,必须经审核、签署后方有效。

8.数据备份

经验收合格的完整数据应及时进行备份。为保证数据安全,备份载体的选择应多样化,可采用在线、离线相结合的方式实现多套备份,并注意异地保存。备份数据也应进行检验,备份数据的检验内容主要包括备份数据能否打开、数据信息是否完整、文件数量是否准确等。数据备份后应在相应的备份介质上做好标签,以便查找和管理。最后,填写纸质档案数字化备份管理登记表单。

9.数字化成果管理

应加强对纸质档案数字化成果的管理,确保其安全、完整和长期可用。纸质档案数字化成果提供网上检索利用时,应有制作单位的电子标识,并根据具体情况分别采用可下载或不可下载的数据格式。①

二、照片档案的数字化

与文字档案相比,照片档案能更加生动、直观、真实地还原历史场景和人物特征,是重要的影像记忆和特色鲜明的档案资源。目前,有些老照片已经褪色、发黄、破损,亟待采用数字化手段对其图像信息进行抢救和保护。

从工作原理上说,照片档案数字化与纸质档案数字化的操作过程和要求大体相似,但也存在不同。

(一)照片档案数字化的对象

照片档案数字化的对象分底片和照片两种。在有底片的情况下,应优先选择底片。因为底片扫描的优越性包括:第一,传统的照相过程是先形成底片(负片),再用底片冲印成照片(正片),因此底片较正片具有更好的原始性和价值性。第二,对底片直接进行数字化,相比将底片冲印成纸质照片,再对照片进行数字化的处理过程,工序更简单,操作更简便,有利于降低数字化成本,提高工作效率。第三,传统摄影具有色彩还原真实自然、细节层次精致丰富的特点,较数码摄影仍有一定的优势,由此底片扫描可以显著提高扫描图像的质量。第四,许多具有档案价值的老照片都以底片方式保存,随着时光的流逝或保管不善很容易褪色、霉变,底片扫描有利于及时地抢救这些珍贵的老照片。第五,有些行业会形成大量底

---

① 刘智颖.研究型用户档案信息搜寻行为效果影响因素研究[D].天津:天津师范大学,2021.

片档案,如医院的 X 光片,将其扫描成数字图像,有利于对底片档案进行计算机存储、处理和传输。

(二)照片档案数字化方式

扫描仪扫描输入和数码相机翻拍录入是照片档案数字化所采取的两种主要方式。

1.扫描仪扫描输入

扫描仪扫描输入是照片档案数字化常用的方法,可以采用普通的平板扫描仪,也可以用专用的照片扫描仪。与数码相机翻拍录入相比,扫描仪扫描照片操作简单,适用于各类照片档案的数字化处理。

2.数码相机翻拍

数码相机翻拍虽然比较快捷,但要配置辅助照明设施,拍摄过程中对变焦、曝光等的调控要求较高,拍摄难度比想象中的大。由于普通数码相机在光学成像过程中会产生像差,因此需要使用中高档数码相机。中高档数码相机镜头一般都配有较大值光圈、变焦镜头、高分辨率 CCD 等,可以保证高质量的拍摄效果。数码照片翻拍最好采用数码翻拍仪,靠手持数码相机拍摄图像,曝光难以掌握,图像也容易变形。如果翻拍的照片变形,可采用 Photoshop 等软件进行纠正。

(三)位深对数字图像阶调的影响

位图图像中的像素可以代表黑、白、灰色或彩色信息。计算机记录每个像素的光亮信息多少是用比特(bit)位数来衡量的。如果使用一位来记录像素信息,其像素只能是白色或黑色的;使用二位描述像素信息,有四种可能表示灰度的区别;使用八位有 256 级的灰度;使用二十四位能够提供 1.6 千万个可能的颜色。位数称为图像的位深。使用位深越高,描述的灰度级越多。它是数字图像反映颜色精度的重要指标。

(四)照片档案的储存格式

数字化的照片档案存储格式比较多,如 BMP、JPEG 格式等。一般情况下,档案部门可选择 JPEG 格式来存储照片档案,但是这种格式会损失图像信息。所以对于那些比较重要的、要求高保真度的照片档案就要选择无损方式储存的 TIFF 格式,这种格式结构灵活和包容性大,易于转换为其他格式。

三、录音档案的数字化

录音档案是以声音为信息表达方式的档案材料,包括纯录音档案和含录音档案。传统档案中,唱片、录音带为纯录音档案;电影胶片、录像带则为含录音档案。录音档案数字化的现实需求强,投入较低,技术实现相对简单,实际效果明显,因此,录音档案数字化应当受到档案部门的高度重视。

(一)录音档案数字化的前期准备

在录音档案数字化前期,首先要制定录音档案数字化方案:选择和配置适用的软硬件系统,确定录音数字化输入的格式、载体;确定录音档案数字化的范围,明确数字化的先后顺序。录音档案能够顺利播放是数字化的前提,因此数字化前期还必须检查录音档案的质量及其完整性。旧磁带可能存在不同程度的粘连、信号强度减弱、磁粉脱落等问题,因此数字化前必须对其进行清洁、修复,以确保数字化的质量。

(二)录音档案数字化的流程

1. 音频采集

第一,用连接线将放音机与计算机相连接。第二,根据声音的质量选择参数,采样频率可选 44.1kHz 或更低;声音样本的大小可选用 16 位或更低的;根据原录音带选择声道数;此外,还要设定录音质量、时间长度。第三,在放音机放音的同时启动音频制作软件的录音按钮,并通过音频制作软件调节音量大小等参数。

2. 音频编辑

在音频采集之后,可使用音频制作软件对音频文件进行编辑处理,以使其符合数字化的要求,主要包括音量调节、音调调整和噪声处理。

3.音频存储

处理完成之后,选好存储地址,输入文件名,选择文件类型,将其保存。数字音频文件的保存类型和格式有很多,如 WAV 格式、MP3 格式等。

(三)录音档案数字化的后期工作

数字音频文件形成之后,还必须将录音档案对应的声音内容以文本方式保存在计算机内,以便对其进行全文检索。每份录音档案原则上对应一份文本文件,该文本文件与录音档案拥有相同的文件名,但扩展名不同。

数字化后的音频文件及其对应的文本文件必须通过建立规范化的录音档案目录数据库或专题目录库来实现有效利用。录音档案数据库除包括一般档案数据库设定的著录项目外,还要包括音频文件存储路径、其对应文本文件的存储路径(或文本文件名)、录音地点、声音来源、原录日期、数字化日期、数字化责任人等内容,并通过数据库的地址链接方式将数字化音频文件与其对应的文本文件联系起来。

(四)录音档案数字化的文件格式

目前流行的音频文件格式主要有以下几种:

1.WAV 格式

WAV 格式是微软公司的声音文件格式,被 Windows 平台及其应用程序广泛支持。该格式支持多种音频数字取样频率和声道,标准格式化的 WAV 文件和 CD 格式一样,也是 44.1kHz 的取样频率,16 位量化数字,因此声音文件质量和 CD 相似。其优点是编解码简单,支持无损耗存储;主要缺点是需要较大的音频存储空间。

2.MP3 格式

MP3 是一种音频压缩技术,可大幅度地降低音频数据量。它利用 MPEG Audio Layer3 的技术,将音乐以 1∶10 甚至 1∶12 的压缩率压缩成容量较小的文件,而音频质量没有明显的下降。

3.WMA 格式

WMA 是微软公司的一种音频格式。WMA 格式是以减少数据流量但保持音质的方法达成更高的压缩率目的,生成的文件大小只有 MP3 文件的一半。与 MP3 相同,WMA 也是有损数据压缩的格式,因此在一定程度上会影响声音质量。

4.AAC 格式(MP4 格式)

AAC 所采用的运算法则与 MP3 的运算法则有所不同,AAC 是通过结合其他的功能来提高编码效率。相对于 MP3 格式,AAC 格式的音质更佳、文件更小。但是,AAC 属于有损压缩的格式,相对于 APE 和 FLAC 等时下流行的无损格式,音色饱满度差距比较大。

5.CD 格式

CD 是最传统的非压缩数字音频格式,与标准格式的 WAV 文件一样,均采用 44.1kHz 的采样频率和 16 位采样精度。由于未压缩,它的音频具有高保真性。但是这种格式仅用于光盘存储,占用空间较大。

6.DVD-Audio 格式

DVD-Audio(DVD-A)是一个 DVD 碟片上的数字音频存储格式,采用与 CD 一样的非压缩方式,并且充分利用 DVD 碟片记录容量大的特点提高了对音频信号的采样频率和采样精度,其保真度超过 CDO,该格式可附带文字说明或静止画面。

档案部门选择以上格式时应考虑:一是音频的保真度,尽量选用无损压缩的格式;二是支持附带文字说明(如 DVD-Audio 格式),以便于将档案的著录信息直接嵌入音频文件,用于计算机检索。

四、录像档案的数字化

传统的录像档案是以模拟图像和声音符号记录的,集视听于一体的特殊载体档案。该档案容易因磁介质退变、老化造成信号衰减、损失,或因播放设备的淘汰而无法播放。因此,将录像档案由模拟信号转为数字信号已经成为抢救录像档案的当务之急。

（一）录像档案数字化的硬件配置

1. 放像设备

要按照录像档案载体选择不同的放像设备。受到数字设备的冲击，许多传统的放像设备已经退出市场。曾经流行的模拟录像带及其播放设备按照制式来分主要有 VHS、Beta 和 8mm 等类型。模拟录像机不仅有制式的不同，而且按照其信号记录方式及保真度的不同而分不同的技术质量等级。不同制式、不同等级、不同品牌的录放设备及其录像带的性能不同，相互之间并不兼容，因此，必须针对所用录像带的类型准备相应的放像设备。

2. 视频采集计算机

计算机配置视频卡才能实现录像档案数字化。视频卡的功能是将录像带保存的模拟信号转换为数字信号，并保存在计算机中。视频卡的质量决定着录像档案数字化工作的质量。目前市场上的视频卡很多，档次不一，应根据需要合理选用 MPEG-1 或 MPEG-2 卡。由于数字录像档案的数据量很大，对计算机的速度要求很高，电脑 CPU 最好有 3GHz 主频。采集 DV 视频信号数据量大，传输速度要求高，不能用普通 USB 2.0 接口传输，建议使用 IEEE1394（又称火线）接口，即视频采集计算机必须带有 IEEE1394 接口，才能有足够的速度将 DV 拍摄的模拟信号无损伤地采集到计算机系统中去。

（二）录像档案数字化的软件配置

各种视频编辑软件，如 Adobe Premiere Pro、Ulead Video studio 以及 Windows 系统自带视频编辑软件 Windows Movie Maker 等都提供屏幕捕捉功能，能将 DV 录像信号转换成数字信号输入计算机系统。由此，视频采集前须安装视频编辑软件。

（三）录像档案数字化的工作流程

录像档案采集完成输入计算机时，模拟图像信号和模拟音频信号是分离的，各自输入计算机的视频采集部件和音频采集部件，在视频采集软件的统一控制下,由视频采集软件同步采集视频、音频信号,从而获得包含音频的数字视频数据。录像档案数字化工作流程与录音档案数字化工作流程有相似之处,可分为如下阶段:

1. 数字化前期准备

一方面,根据各单位录像档案的实际情况制定录像档案数字化方案,确定录像档案数字化的范围,合理安排数字化工作的先后次序;另一方面,将录像档案从库房中取出,检查录像档案的质量和完整性,并做记录,修复受损的录像档案,以满足数字化工作的需求。

2. 数字化阶段

(1)视频采集

准备好数字化工作所需的软硬件设备,将放像设备与视频采集设备相连接。打开视频编辑软件,设置各种参数,监控计算机上播放的视频质量;预先设定所需生成的视频文件的格式、设置视频文件的各项参数;参数设置后预览视频信号,若不符合要求则进行适当调整,以使视频质量达到最优。此后,便可正式进行视频采集。视频采集不能快进,即如果 DV 录像是 60 分钟,则采集时间也是 60 分钟。

(2)视频编辑

视频采集完成后,要用视频编辑软件对其进行剪辑、编排,并调整视频效果,以使其满足需求。

(3)视频存储

采集完成后形成的视频文件应当按规范命名,形成电子档案管理要求的规范格式,一般采用 AVI 或 MPEG-2 格式,也可采用 WMV、MP4、MOV 等流行格式存储一套复制件。MPEG-1 是曾经流行的视频格式,该格式图像质量差,已经过时,现在一般不采用。视频文件可采用移动硬盘、DVD-R 等脱机载体存储,如果要提供共享查询,则需要将其上传到网络服务器中保存。

3. 数字化后期工作

为了方便用户查找利用数字录像档案,档案部门需要建立数据库。

数据库包括两部分:一是数字录像档案目录;二是数字录像档案文件。两部分内容之间需要建立链接,用户可以方便地在数据库中查找所需数字录像档案文件。

(四)录像档案数字化的文件格式

1. AVI 格式

AVI(BP 音频视频交错格式),于 1992 年由微软公司推出,是将语音和影像同步组合在一起的文件格式。它采用了有损压缩方式,支持256 色和 RLE 压缩,压缩比较高,因此画面质量不太好,但其应用范围非常广泛。AVI 信息主要应用在多媒体光盘上,用来保存电视、电影等各种影像信息。AVI 是我国电子文件管理国家标准认可的视频文件归档格式之一。

2. MPEG 格式

MPEG(动态图像专家组格式)是运动图像压缩算法的国际标准,它采用有损压缩,同时保证图像的显示质量。MPEG 标准主要有 MPEG-1、MPEG-2、MPEG-4 等。MPEG-1 于 1992 年制定,为工业级标准,适用于不同带宽的设备。传输速率为 1.5Mbits/sec,每秒播放 30 帧,按照该标准制作的视频是 VCD 格式,图像质量较差。MPEG-2 于 1994 年制定,设计目标是高级工业标准的图像质量以及 $3\sim10$Mbits/sec 的传输率。其在 NTSC 制式下的分辨率可达 720×486dpi,按照该标准制作的视频是DVD 格式,图像质量明显优于 MPEG-1。MPEG-4 于 1998 年制定,是出于网络播放目的而设计的流式视频文件格式标准,它的传输速率为 $4.8\sim6.4$Mbits/sec,能以较少的数据获得最佳的图像质量。

3. MOV 格式

MOV 即 Quick Time 影片格式,它是一种音频、视频的文件格式。MOV 格式的文件通常用 Quick Time 作为播放器,具有较高的压缩比和完美的视频清晰度,其压缩方式和 AVI 类似,但其画面质量高于 AVI,几乎支持所有主流 PC 机操作系统。

4. WMV 格式

WMV（Windows Media Video）是一种流媒体格式，它由 ASF（Advanced Stream Format）格式升级延伸得来。在同等视频质量下，WMV 格式的文件可以边下载边播放，因此很适合在网上播放和传输。

在选取数字视频文件的格式时，要综合考虑其通用性、保真性和方便性。就综合而言，MPEG-2 压缩标准的视频格式在各个方面都优于其他格式。因为 MPEG-2 是一个国际化的系列标准，具有良好的兼容性和通用性，能够比其他压缩算法提供更好的压缩比，并且已经成为市场的主流。

第二节　电子文件归档与电子档案移交

《电子档案管理基本术语》（DA/T 58—2014）中定义电子文件是国家机构、社会组织或个人在履行其法定职责或处理事务过程中，通过计算机等电子设备形成、办理、传输和存储的数字格式的各种信息记录。电子文件由内容、结构和背景组成。电子文件不仅是组织和处理机构日常工作的工具，而且可以作为信息化环境下机构工作的历史记录和活动凭据，也是国家的宝贵文化财富和社会的重要信息资源。因此，对电子文件进行及时归档、移交并使之得到长期保存势在必行，应当成为档案信息化建设的重要内容。

作为人类步入信息社会后在档案领域出现的新事物，电子档案概念的确立只是近几年的事情。在国际档案理事会电子文件管理委员会出版的《电子文件管理指南》中，把作为档案而可由档案部门接收和保存的电子文件称之为"具有档案性质的电子文件"。2002 年，国家标准《电子文件归档与管理规范》（GB/T 18894—2002）将电子档案称之为"归档电子文件"，即具有参考和利用价值并作为档案保存的电子文件。2012 年，国家档案局印发的《电子档案移交与接收办法》中明确了电子档案的概念，将其定义为机关、团体、企事业单位和其他组织在处理公务过程中形成的对国家和社会具有保存价值并归档保存的电子文件。

档案学理论认为档案是由各种文件材料转化而来的,文件是档案的前身,档案是文件转化的结果。这种观点已为大众所接受,成为一种具有普遍意义的理论。在这一理论下,文件和档案是两种在功能、时间和空间上相对独立,但又有密切联系的社会事务。为此,在电子文件与电子档案的关系上,仍应遵循这一原则,从社会档案价值意识承担、档案学专业的责任承诺和文件价值形态的转变出发,承认文件运动的规律性,同时也认为那些具有长期或永久保存价值的,经过归档而实行档案化管理的电子文件为电子档案。实际上,电子档案就是"归档电子文件",依然是由电子文件转化而来的。

一、电子文件的特性

顾名思义,电子文件就是"电子"加"文件"。"文件"是电子文件的功能属性,是共性;"电子"是电子文件的技术属性,是特性。了解电子文件的特性对于整理好电子文件非常重要。

(一)信息的非人工识读性

信息的非人工识读性表现在两个方面:一是电子文件使用了人们不可直接识读的记录符号——数字式代码,即将输入计算机的任何种类的信息都转换成二进制代码。对于这种经过复杂编码的二进制代码,人工无法直接破译它的含义,只有通过计算机特定的程序解码,使之还原为输入前的状态,才能被人识读。所以,电子文件在给人类带来极大方便的同时,也使其内部实现机制变得越来越复杂。二是电子文件存储在载体上,人们无法直接通过载体阅读,必须通过计算机等设备显现,才能识读。

(二)系统的依赖性

电子文件对系统的依赖性包含两个方面:一是电子文件的形成、流转、归档等全部管理活动都必须借助计算机系统才能实现。离开计算机系统,人就无法识读和管理电子文件。二是生成文件的软硬件系统一旦更新换代,会造成电子文件的失真、失效,无法还原。

(三)信息与特定记录载体之间的可分离性

电子文件中的信息不再具有固定的物理位置,也不再对特定记录载体"从一而终",可以根据需要随时改变其存储空间,也可以改变其在硬盘上的存放地址,或在不同存储介质之间转换。信息与载体之间的可分离性使电子文件不再具有物理意义上的"实体"状态,成为人们形象指称的"非实体文件"或"虚拟文件"。

(四)信息的可变性

造成电子文件信息可变性的情况很多。首先,计算机系统中信息的相对独立性使得对信息的增删更改十分容易,而且修改之后看不出任何改动过的痕迹;其次,电子文件在形成、归档、管理和利用过程中会形成大量的动态文档,而动态文档中的数据不断地被更新或补充,以反映最新情况;最后,存储载体和信息技术的不稳定性,新的信息编码方案、存储格式、系统软件不断出现,对电子文件的稳定性产生了巨大的冲击,新的系统要求将电子文件转换成某种标准格式或新的文件格式,通常会造成电子文件信息的损失、变异。

(五)信息存储的高密度性

电子文件的存储密度远远高于以往各种人工可直接识读的信息存储介质。一张 4.75 英寸 CD 光盘(650～750MB)可存储 3 亿个至 4 亿个汉字或 A4 幅面的文稿图像数千页,DVD 光盘单面单层容量可达 4.7GB,单面单层蓝光盘的存储容量最大可达 25GB,而各种类型的存储卡存储密度则更高,计算机存储载体的海量化正呈加速度发展态势。

(六)多种媒体信息的集成性

电子文件可以将文字、图形、图像、影像、声音等各种信息形式加以有机组合,形成"多媒体文件"。这种文件将文字、图像、声音等媒体融为一体,图文声像并茂地展示,能够更加真实地再现记录的场景,从而强化了档案对社会活动的过程记忆和生动再现功能。

(七)信息的可操作性

电子文件中的信息可以随时根据人们的需要,便捷、灵活地加以编辑、复制、删除,或进行多媒体合成,或按照特定的需要排列组合,或进行压缩和解压,或进行格式和数据结构的转换,或通过各种传播媒体传递给远程用户,显著提升了人们对信息资源的管控能力和利用能力。

以上每一个电子文件的特点既是它的优点,也是缺点。管理电子文件的基本思路是扬长避短、趋利避害,用新的管理理念、管理方法和管理技术,将其优势放大再放大,将其劣势缩小再缩小。[①]

二、电子文件归档的含义和特点

电子文件归档是将应归档的电子文件经过整理,确定其档案属性后,从计算机存储器或其网络存储器上拷贝、刻录到可脱机保存的存储载体上并向档案部门移交,或通过网络将电子文件转移存储到由档案部门控制的计算机系统中,以便长期保存的工作过程。归档是文件生命周期上的一个重要环节,是文件和档案的分界线,标志着电子文件管理责任由文件形成部门向档案部门的正式转移。电子文件归档是我国归档制度中的一个重要方面,它除了要遵守传统文件归档的要求外,还要考虑电子文件的特点。

(一)归档时间前置

纸质文件一般在文件处理完毕之后的第二年完成归档。电子文件因其信息和载体的可分离性,随时面临着被篡改、破坏的风险,因此在归档过程中必须贯彻前端控制和全程管理的原则。电子文件办结后要及时归档。在设计电子文件管理系统时,要考虑归档要素和电子文件的真实性、完整性、有效性和安全性保障措施。

(二)归档形式多元互补

电子文件的归档形式分为在线归档和离线归档。电子文件的归档按照鉴定标识进行,各单位可以通过计算机网络进行在线归档,也可以将电

---

① 王赟轩.政府部门电子政务文件归档范围与保管期限研究[D].武汉:华中师范大学,2019.

子文件存储在脱机载体上进行离线归档。网络条件不符合国家和当地有关保密法律法规规定的单位,其涉密电子文件不能在线归档,只能离线归档。

(三)归档范围扩大

电子文件的特殊性决定了电子文件归档的范围有所扩大。纸质文件的内容、结构、背景信息是固化在纸张上的,而电子文件的三要素有可能是分离的,要保证电子文件的真实性和完整性,必须及时获取电子文件的结构和背景信息,因此,电子文件的背景和结构信息必须被纳入归档范围,形成电子文件的支持和辅助性文件,计算机、操作系统和应用软件的说明性文件也必须列入归档范围之中。此外,归档电子文件不仅局限于文字类文件,还应当包括图像、声音、视频及超媒体文件。

(四)归档实体移交与权责移交的分离

在线归档的出现使电子文件实体移交与权责移交出现了分离。传统文件管理中,文件的管理权是随着文件的归档由文件管理部门而转移到档案管理部门的,从而实体保管者与信息管理者统一在一起了。而电子文件的实体与其信息的管理权责却是可以分离的。电子文件的在线归档,使档案部门并不一定拥有电子文件实体,但仍可以实现对电子文件的掌控,从侧面反映了电子环境中档案管理的工作重点由实体管理向信息管理的转移。

(五)电子文件归档份数较多

离线归档的电子文件,至少一式三套:一套封存保管(一般称为A套);一套提供利用(一般称为B套);必要时,复制第三套,异地保存(一般称为C套)。电子文件在长期保存过程中可能会受到不可抗力因素的影响导致信息变异或失真,出现读取错误,而多套同时出错的概率较低,所以多套保存可以极大地提高电子文件的安全性和可靠性。

三、电子文件归档的范围

《电子文件归档与管理规范》规定:电子文件的归档范围参照国家关

于纸质文件材料归档的有关规定执行,并应包括相应的背景信息和元数据。其中"国家关于纸质文件材料归档的有关规定",当前主要是指国家档案局 2006 年发布的 8 号令《机关文件材料归档范围和文书档案保管期限规定》、国家档案局 2012 年发布的 10 号令《企业文件材料归档范围和档案保管期限规定》和其他有关科技文件、专门文件归档范围的规定以及本地档案行政管理部门的有关规定。具体来说,电子文件的归档范围主要有如下六个方面:

第一,在本机构行使职能活动、业务管理及行政管理活动过程中形成的,有纸质文件对应的电子文件,参照国家有关归档范围和保管期限规定归档。对于需要保存草稿及过程稿的电子文件,需要按照版本管理的要求添加版本号,并和正本一并归档。

第二,在行使和拓展本机关职能活动过程中,利用信息系统产生的无纸化新型电子文件,如网站、电子邮件、微博、微信等电子文件,也要列入归档范围。

第三,各种数据文件,如数据库、图形库和方法库等。由于数据库是动态的,对于数据文件应定期拷贝,作为一个数据集归档。

第四,为保证电子文件的长期可读性,其支持软件,包括操作系统、应用软件及相关代码库、参数设置等也需要归档。

第五,有助于确保电子文件真实、完整、有效、安全,有关元数据、说明性材料也要归档。

第六,对于必须实行"双套制"保存的电子档案,应归档相同内容的纸质文件,并在有关目录中建立电子文件和纸质文件之间的关联关系。

四、电子文件归档的方式

(一)按照归档电子文件的实际存储位置,可分为物理归档和逻辑归档

1.物理归档
物理归档是指把电子文件集中下载到可脱机保存的载体上,向档案

部门移交的过程。物理归档类似于纸质文件的实体归档,这种方式将电子文件的保管权直接交给档案部门统一存储保管,该保管系统由档案部门统一维护,因此安全性比较高。

2. 逻辑归档

逻辑归档是指在计算机网络上进行,不改变原存储方式和位置而实现的将电子文件的管理权限向档案部门移交的过程。这种方法将电子文件仍然存储在形成文件的业务系统,但是归档文件的著录信息、存储地址及元数据应自动保存到档案部门的数据库中,以便档案部门对其进行控制。逻辑归档虽然不妨碍电子文件的共享利用,但是分散存储会给电子文件带来一定的安全风险,需要档案部门加强安全检查和督促。

(二)按照归档电子文件的移交方式,可分为在线归档和离线归档

1. 在线归档

在线归档是指通过计算机网络,将电子文件及其元数据向档案部门移交的过程。在线归档必须在建立网络的条件下进行,网络的带宽、速度会影响在线归档的实行。一般来说,文本类电子文件的在线归档没有问题,但是多媒体电子文件的在线归档就要考虑网络带宽是否能承受多媒体文件的容量,或采取避开网络使用高峰时间进行在线归档,否则会严重影响网络信息的共享利用。

2. 离线归档

离线归档是指将电子文件及其元数据存储到可脱机存储的载体上向档案部门移交的过程。当电子文件的形成系统没有在线归档功能,或当电子文件形成与归档管理机构没有电子文件和档案管理系统时,可采取离线归档方式。如工程建设的施工单位、建设单位与档案部门没有在线归档的条件,可在工程项目结束后将电子文件拷贝到光盘或硬盘上向档案部门归档移交。

五、电子文件归档的要求

电子文件的归档应以国家和当地有关规定和标准为依据,做到真实、完整和有效,实现档案的价值,便于社会各方利用。除此之外,还应针对电子文件的特性,满足以下要求:

(一)归档范围和保管期限要求

电子文件应准确划分归档范围和保管期限,具有保存价值的照片、音视频文件和公务电子邮件等电子文件也应当列入归档范围;电子文件的正本、定稿、签发稿、处理单、重要电子文件的修改稿和留痕信息应当完整归档。

(二)双套制归档要求

具有永久保存价值或者其他重要价值的电子文件,应当转换为纸质文件或缩微品同时归档。定期保存的电子文件,由电子文件的形成单位根据实际需要决定是否采用异质双套归档。法律法规中规定不适用电子签名的电子文件,归档时应附加有法律效力的纸质签署文件。

(三)载体要求

把带有归档标识的电子文件集中,制成归档数据集,存储至耐久性的载体上。电子文件归档推荐使用的载体,按优先顺序依次为:只读光盘、一次写光盘、磁带、可擦写光盘、硬磁盘等。

(四)归档载体标签要求

存储电子文件的载体或装具上应贴有标签,标签上应注明载体序号、全宗号、类别号、密级、保管期限、存入日期等,归档后电子文件的载体应设置成禁止写操作的状态。用作电子文件归档或电子档案保存的光盘不能贴标签,该标签必须用特制的光盘标签打印机打印在特制的光盘空白背面上。因为对于高速旋转的光盘来说,贴上标签会造成光盘高速旋转时重力不均和抖动,损坏光盘或光盘驱动器。没有光盘标签打印机的,可用光盘标签专用笔在光盘标签面上手工书写编号。

(五)真实性要求

电子文件形成部门必须对归档电子文件内容的可靠性、稿本的准确性以及双套文件的一致性加以确认。

(六)完整性要求

确保归档电子文件和相关文件及元数据齐全,且关联有效。为了保障电子文件的真实、完整、有效,可以将电子文件的办文单打印成纸质文件与电子文件一并归档。

将相应的电子文件机读目录、相关软件、其他说明等一同归档,并附"归档电子文件登记表"。归档电子文件登记表可以制成电子表格,由系统根据归档电子文件的机读目录或著录、标引信息自动填写。归档时应将电子文件及其机读目录、登记表同时移交给档案部门,归档电子文件登记表如果是数字形式的,还应附有纸质打印件。

归档完毕,电子文件形成部门应将存有归档前电子文件的载体保存至少一年。

六、电子文件的组盘

常用的电子文件存储载体是磁盘、磁带、光盘。其中光盘具有存储容量大、运行速度快、存储稳定性较好、只读光盘能防删改等优点。由此,光盘是目前存储电子文件的较佳载体。为了方便管理和查找利用,对于脱机保存的电子文件需要按一定的规则组合到同一张光盘中,简称组盘。由于 DVD 光盘容量大且技术和标准日趋成熟,因此,电子文件的脱机保存应当采用只读的 DVD 光盘,即 DVD-R。

虽然组盘和传统的纸质文件组卷在概念和方法上有很大的区别,但是也应当从保持文件的自然联系和方便管理利用出发,遵循一些基本规则:一是将同一保管期限的文件组合,以便按不同期限定期拷贝光盘,以延长电子文件的保管寿命。二是将同一密级的文件组合,以便于保密和安全管理。三是将同一部门的文件组合,以便于查找利用和复制。四是将同一档案类别、同一工程项目、同一设备项目的文件尽量存储在同一光盘上,以方便利用。五是按规范著录规则建立盘内文件目录,并将电子文件与相关条目建立链接关系,以便查找目录时,能立即调阅相应的电子文件。六是如果盘内有非通用格式的电子文件,应当将相应的运行软件一并存入该盘内,以便电子文件的打开和阅读。

盘内文件的组合也应当采用文件夹管理方式,文件夹的设置规范可根据以上组盘原则由各单位自行设定。现以基建工程档案为例,推荐以下组盘方法。

(一)从工程类电子文件的特点出发将存储标准规定为三种格式

A 类:采用形成时的原始文件格式,以保留所有形成信息,满足档案原始性要求,并便于技术改造中图纸的修改,规定为 DWG、RTF、XLS 格式。

B 类:采用转换格式,用于查询浏览和打印输出,确保能被准确地还原成纸质文件,并便于在线检索,规定为 PDF、TIFF 格式。

C 类:将非常用软硬件环境下形成的文件转换成中间文件格式,当需要时可将其转换成各种需要的文件格式,规定为 DXF、TXT 格式。

为了满足不同的需要,归档时一般同时采用两种格式,即 B 类＋A 类文件或 B 类＋C 类文件。

(二)每张光盘内文件夹的存储方法

第一,在根目录下存储一个说明文件,如起名为 README.TXT,用于说明该光盘的基本信息,如光盘编号、工程名称、制作单位、归档部门、制作时间等。

第二,在根目录下存储一个辅读信息文件,如起名为 ASSIST.TXT,用于列出读取光盘内各种格式电子文件的环境信息,如光盘使用的硬件型号、软件名称、版本等。

第三,在根目录下存储一个目录文件,如起名为 CATALOG.XLS,用于存储光盘内电子文件目录信息,该目录须采用档案著录规则,其中每个条目最好都与盘内相关的文件建立链接关系。由于该目录采用 Excel 制作,因此用该目录就能独立实现盘内文件的查找。

第四,设置"数据 1"子目录,用于存储与上述目录相对应的 B 类文件。

第五,设置"数据 2"子目录,用于存储与上述目录相对应的 A 类和 C 类文件。

第六,设置"其他"子目录,用于存储相关字库、符号库、数据字典、系统运行软件等能保证盘内电子文件准确还原的各种辅助文件或说明文件。

(三)制定电子文件归档和电子档案管理的制度规范

首先,要求电子文件形成机构保证移交的电子文件是完整的、真实的、有效的;保证两种格式电子文件与相应纸质文件内容、版式是一致的;档案部门接收后保证在保管期间不失真等。然后,由于只读光盘具有不可更改、不可重写和不可擦除的特性,因此选用只读光盘作为电子文件交换的载体,要求形成机构将两种格式的电子文件刻录到只读光盘上移交给档案部门,光盘背面特制清晰的、不易被擦除的光盘标记及责任人手写签名。形成机构还须打印归档电子文件清单,由交接双方验收签字后各持一份作为归档电子文件的交接凭证。

七、电子文件的规范命名

电子文件制作完毕后需要对保存的稿本命名,以便今后查询利用。电子文件名通常由"主名"+".扩展名"所组成。其中扩展名代表了电子文件的类型,通常由计算机自动产生。规范电子文件的命名是规范电子文件管理的重要基础工作,随意命名会给管理造成麻烦,甚至混乱。

(一)规范命名的要求

规范命名主要包括以下四点要求:

第一是唯一。如果有两个电子文件重名,在数据库调用该文件时就会发生混乱。因此,在同一文件夹中的电子文件不允许重名。如果重名,则后存盘的电子文件会将前存盘的电子文件覆盖。

第二是直观。直观的命名能够简要地概括文件的内容,是查找文件的重要线索,也便于利用,电子文件命名应当实行"实名制",即将文件的重要著录项直接写入主名中。

第三是简洁。命名要简洁明了,不宜过长,过长难以辨认,且计算机软件会自动拒绝。另外,命名中不能夹带某些特殊符号,如半角的"\""/""<"">""?"等。

第四是参照。采用"双套制"归档模式的,电子文件命名要便于与同样内容的纸质文件建立相互参照关系。

(二)规范命名的方法

根据以上原则,介绍几种常用的命名方法:

第一种是归档前可用"文号＋稿本号＋文件标题＋. 扩展名"命名。各要素之间用符号(如"－")进行分割,如"XX〔2020〕1 号－稿3－关于加强档案信息资源开发利用工作的通知. PDF"。这种命名还可以加上"形成者""形成时间"等文件要素,其最大优点是直观,能通过命名知道文件的大概内容,便于通过 Windows 资源管理器、Excel 等流行的工具直接检索。目前计算机允许电子文件的命名长度达 247 个汉字,足以支持该命名方式。该方法适用于在办公自动化管理中形成的电子文件,可由业务部门的文件管理人员在文件形成后按规范直接命名。

第二种是归档后采用"全宗号＋档案门类代码＋年度＋保管期限代码＋机构(问题)代码＋件号＋子件号＋. 扩展名"命名。如"X043－WS. 2015－YBGS－0026.001.jpg"。该方法的优点是:由于档号唯一,因此可以避免重名;由于档号中一般有分类号,因此便于识别内容;由于采用纸质档案的序号,因此便于与纸质档案相互参照。这种方法一般适用于"双套制"归档的电子文件、纸质档案扫描件或需要长期保存的电子档案。

第三种是采用"随机号＋. 扩展名"命名。随机号一般是计算机自动生成的 32 位代码。该随机号唯一的优点是不会重名,缺点是既不直观,也无法与纸质档案参照,必须完全依靠目录数据库才能对电子文件进行管理和查询。使用本方法一般要安装专用的电子文件归档和电子档案管理系统。因此,使用本命名方法有一定的风险,如当支持其运行的应用软件发生故障或瘫痪时,文件就无法查询利用。

有些单位在电子文件归档时将第三种方法命名的电子文件转换为第一或第二种命名方式,或者组合运用前两种命名方式,其转换一般须借助计算机系统自动完成。

此外,对于基建或设备类电子文件也可以采用"项目编号+子件号+.扩展名""项目编号+阶段号+子件号+.扩展名"或"图号+子件号+.扩展名"等方法命名。这些方法也都符合上述电子文件命名的四项基本要求。

八、电子档案的移交

归档后,电子文件按有关规定移交至档案室等档案保管部门,作为电子档案进行集中保管,这是归档的最后实施环节。

(一)移交时间

电子文件的在线归档和离线归档,一般是在年度或文件所针对的任务完成后,或一个阶段之后的一段时间内进行归档移交,具体可视情况而言。如管理性文件可按照内容特点确定一个归档期限;技术文件、科研项目文件等则可在项目完成后归档移交。因涉及电子文件的技术环境条件、存储载体质量、寿命等问题,一般以不超过 3 个月为宜。

(二)移交的基本要求

第一,元数据应当与电子档案一起移交,一般采用基于 XML 的封装方式组织归档数据结构;第二,电子档案的移交格式按照国家有关规定执行;第三,电子档案有相应纸质、缩微制品等载体的,应当在元数据中著录相关信息;第四,采用技术手段加密的电子档案应当解密后移交,压缩的电子档案应当解压后移交,特殊格式的电子档案应当与其读取平台一起移交。

(三)移交检验

在接收电子档案之前,均应对电子档案及其技术环境进行检验,合格率达到 100％时方可进行交接。

检验项目主要有:载体有无划痕,是否清洁;有无病毒;核实电子档案的真实性、完整性、有效性及审核手续;核实登记表、软件、说明材料等是否齐全;对特殊格式的电子档案,应核实其相关的软件、版本、操作手册等是否可用和完整。

检验结果分别由移交单位、接收单位填入《电子档案移交、接收检验登记表》的相应栏目。

档案保管部门应按照要求及检验项目对电子档案逐一验收。对检验不合格的,应退回形成部门重新制作整理后再次移交。

(四)移交方式

电子档案的移交可采用离线或在线方式进行。

离线移交归档电子文件应当满足的基本要求有:移交单位一般采用光盘移交电子档案,光盘应符合移交要求;移交单位应当按照有关要求进行光盘数据刻录及检测;存储电子档案的载体和载体盒上应当分别标注反映其内容的标签;移交载体内电子档案的存储结构应符合《电子文件归档与管理规范》等国家和当地的有关规定。

在线移交电子档案的单位应当通过与密级和管理要求相匹配的网络系统传输符合要求的电子档案及其元数据。

(五)移交手续

档案保管部门验收合格,完成"归档电子档案移交、接收检验登记表"的填写、签署坏节。登记表一式两份,一份交电子档案形成机构,一份由档案保管部门保存。在已联网的情况下,电子档案的移交和接收工作可在网络上进行,但仍须履行相应的手续。

第三节　档案数据库建设

　　数据库是以一定的组织方式存储在一起的相关数据的集合。其特点是数据结构化、高独立性和少冗余。

　　档案数据库建设是档案信息化建设的核心和基础,是摆在档案工作者面前重要而紧迫的任务,需要按照科学规范的要求进行严格管理。

一、档案数据库建设的意义

(一)档案信息化水平的重要标志

　　我国档案信息化自20世纪80年代起步以来,积极致力于档案目录数据库建设,建立了档案目录中心,显著提高了档案管理的效率和质量,方便了档案的查找利用和资源共享,成为档案信息化建设最早、最直接获得的成果,也不断地增强了档案工作者对档案信息化的认识和信心。实践证明,档案数据库建设的规模和质量不但是档案信息化的核心任务,而且是衡量档案信息化水平的重要标志。

(二)档案信息资源建设的基础

　　归档文件材料属于一次档案文献,它虽然具有原始性,但是属于无序的、分散的、非结构化的档案信息,难以形成资源优势,不便于集中统一管理和广泛共享利用。档案目录数据库建设的实质是通过对档案内容和形式特征的分析、选择及记录,采用数据库管理技术,将档案著录信息输入计算机系统,形成二次档案文献,即结构化的档案信息。此举可有效地提高档案信息的丰裕度、凝聚度、集成度、融合度、共享度、适用度和价值密度,降低其失真、失全、失效和失密的风险,从而形成档案资源体系,提升档案信息化的综合实力。没有高质量的数据库,再好的软硬件系统都只能是"空壳"。

(三)开发利用档案信息资源的前提

　　档案信息化的主要目的是将对档案的实体管理转变为对档案信息的

管理,也是对档案内容的管理,这是信息技术的优势所在,也是传统管理最大的难点。建设档案数据库,有利于加快推进档案信息资源的整合和共享,使档案信息真正成为优质资源和共享资源;有利于信息技术和数据技术的应用,促进档案信息的资源体系、服务体系和安全体系建设;有利于最大限度地发挥档案价值,从而为档案信息资源的开发利用创造了有利的条件。没有档案数据库,档案信息化就是空中楼阁,流于形式。[①]

二、档案目录数据库建设

档案目录数据库中的记录又称为"档案机读目录"或"档案电子目录",是存储在计算机内,使用某种数据库管理系统组织管理档案目录的数据集合。

(一)档案目录数据库的结构设计

根据著录对象的层次不同,档案目录数据库分为案卷级目录数据库和文件级目录数据库两类。为实现计算机检索,必须将反映档案内容特征和形式特征的案卷级著录信息和文件级著录信息输入计算机数据库,由计算机系统通过专门的数据库管理系统和档案管理软件对其进行采集、加工、整理和检索。

数据库管理系统是存储、管理档案目录信息的最佳工具,它按照一定的数据模型,将相互联系的结构化信息以特定的方式组织存储起来,构成数据集合。为此,档案目录数据库的结构设计包括下列两项内容。

1.选择档案著录项目

《档案著录规则》规定了档案进行著录的项目和形式。该标准规定的著录项目共分7项,每项分若干著录单元(小项)。在列举的22个著录小项中,只有正题名、责任者、时间项、分类号、档号、电子文档号、缩微号、主题词或关键词8项为必要项目,其余为选择项目,这意味着不同的档案目

---

① 潘鹏,诸云强.环境保护档案数据挖掘理论与实践[M].北京:电子工业出版社,2016.

录数据库在项目选择上可能存在较大差别。

事实上,《档案著录规则》主要用于规范传统档案目录的著录标引工作,对电子档案目录的检索和网络共享考虑不够充分。因此,目前在构建档案目录数据库时通常增加一些新的著录项目。例如,为便于解决数据访问权限的控制问题,增加"主办部门"和"协办部门"项目;为便于调阅数字化的档案全文,增加"全文标识"项目;为解决跨地区、跨层次数据共享,增加"组织机构代码"等。另外,《归档文件整理规则》也给档案目录数据库著录项目的确定带来了较大的影响,采用新规则形成的文件目录数据库在结构上与此前的文件目录数据库有所不同,许多地方传统文件与电子文件分别规定了不同的数据库结构。

2. 确定著录项目的数据格式

要具体规定每个著录项目(记录字段)的数据类型和字段长度。数据库管理系统所管理的数据对象是结构化的,因此必须事先确定好档案目录数据库各字段的名称、字段类型、代码体系和约束条件等。

(二)档案文件的著录标引和著录信息录入

档案文件的著录标引和著录信息录入,是档案目录数据库建立的重要工作和档案信息化的关键环节,意义十分重大,需要给予高度重视。从形式上看"著录"和"录入"是两项工作,而在档案信息系统的操作中通常将其结合起来,交叉进行,即一面著录标引,一面录入数据。为了提高档案著录、数据录入的速度和质量,须从以下三个方面采取对策。

1. 提高认识,增强操作人员的责任心

档案著录和数据录入工作的重要意义在于:一是大规模、高质量的档案目录数据是实现档案信息化价值的前提。没有实力强大的数据库,再先进的档案信息系统也只能是空中楼阁,形同虚设。二是数据质量问题会给档案信息系统埋下隐患。一旦输入了数据垃圾,计算机软硬件技术难以自动消除。档案数据库质量控制有"技防"和"人防"两种,其中"人防",即提高操作人员的责任心和操作技能永远是第一位的。因此,要从培养操作人员的素质抓起,落实工作职责和考核办法,实现对档案文件的著录标引和著录信息录入工作的精细化管理。

2. 严格按照国家规范设计数据库结构

档案信息化建设单位应当严格按照《档案著录规则》《档案分类标引规则》《档案主题标引规则》《中国档案分类法》《中国档案主题词表》等国家相关标准规范,结合实际,制定本行业、本专业、本单位标准和规范,为档案数据库建设提供标准支持。要维护标准和规范的权威性,在档案信息系统开发,特别是数据库结构设计时应严格执行相关标准和规范,防止数据库设计的盲目性和随意性,确保档案数据的一致性、准确性和规范性。

3. 采取有效的技术手段提高数据录入的速度和质量

档案文件的著录标引和录入工作十分枯燥,不但效率低,而且容易引起操作疲劳而出错。为此,应当在加强"人防"的同时,尽量采用"技防"。事实上,计算机技术的发展已经为提高数据录入的速度和质量准备了充分的手段。

第一,在数据库建设中控制数据结构定义。为了提高系统的适用性和可扩展性,很多档案信息系统都为用户提供了灵活的数据库自定义功能,然而这项功能如不加以控制就会造成"乱定义",即定义的随意性。为此,在设计档案信息系统自定义功能时,应当将数据库的表字段设计分为"必选项"和"可选项"。"必选项"严格按照《档案著录规则》设置,不允许自定义,"可选项"可在规范引导下进行自定义。

第二,利用计算机智能,自动录入数据。在录入档案数据时,某些档案著录项可以通过计算机自动处理后录入数据,如自动生成档号、序号、部门号、库位号;根据文件级著录的文件页数、文件日期,自动生成案卷级文件页数、起止日期;根据文件的归档类目号,自动生成分类号;根据文件标题或文件内容,自动标引主题词等。自动录入的数据能够避免人为录入的差错,节约了大量的人力,并显著提高了录入的速度。

第三,使用代码录入。代码是确保著录信息和档案特征一致的有效手段。如组织机构名称,有全称或简称,简称通常又很不规范,这会造成检索时的混乱,而应用代码,可以做到代码和组织机构的严格对应,检索时就不会出现漏检或误检。因此,档案信息系统应设计简便的代码管理功能,包括代码的维护、录入提示等,确保规范使用代码,又快又好地录入档案著录信息。

三、档案全文数据库建设

档案全文数据库是存储、组织管理数字化档案信息的数据库系统,既包括档号、题名、责任者、正文、形成时间、密级、保管期限、载体、数量、单位、编号等著录信息,也包括档案的内容信息。档案全文数据库所管理的对象,不仅包括经数字化处理的传统馆(室)藏档案,而且包括以数字化形式直接生成的电子文件(档案),如各类文本、表格、图形、图像、音频、视频、数据库、网页、程序等。应用环境不同,系统软件不一,生成的文件格式也会不同。因此,必须确定电子文件的元数据标准和存储格式,以规范档案全文数据的组织与管理。

(一)档案全文数据库构建的过程

全文数据库的构建一般包括以下几个过程:

1.数据的采集

数据的采集是对加载到全文数据库中的数据进行录入、采集、整理等处理。全文数据的获取方式有三种:一是图像扫描(或数码拍摄)录入。该方法形成的图像信息能保持文件的原貌,但占用存储空间大,不能直接进行全文检索和编辑。二是键盘录入。该方法形成的是文本信息,占用存储空间小,存取速度快,支持全文检索,但是输入工作量大,文本的格式和签署信息容易丢失。三是图像识别录入,即对扫描形成的图像进行OCR识别,形成文本信息。该方法虽然具有上述两种方法的优点,但是OCR识别带有一定的差错率,特别当档案原件字迹材料不佳、中英文混排或带有插图、表格时,差错率较大,而人工纠错成本较高。因此,数据采集要权衡利弊,有选择地使用。

2.数据预处理

将采集后形成的档案数字化成果转换成规范的格式,进行规范化命名,再进行统一标准的著录与标引。采用自动标引技术的系统,还可以从文本文件中直接提取关键词或主题词,辅助计算机检索。

3.数据检索

档案全文数据库建成后,可采用全文检索系统提供的功能对数据库进行检索。

4.数据维护

全文数据库建成后,须经常对数据库的内容进行索引、更新、追加和清理,以保证数据库的实用性和时效性。

(二)档案全文数据库的功能

理想的档案全文数据库应具有以下基本功能:

第一,能够获取、存储和使用不同类型、不同格式的档案信息。

第二,能够按照确定的数据结构有效组织大量分布式的不同类型、不同格式的电子文件或扫描件,并为之建立有效的检索系统。

第三,能够快速、正确地实现跨库访问和检索。

第四,能够对全文信息的访问和使用进行许可、控制和监督等授权管理。

第五,能够在网上发布全文数据库数据。

第六,能够集成支持全文数据库管理的各种技术,如超大规模数据库技术、网络技术、多媒体信息处理技术、分布式处理技术、安全保密技术、可靠性技术、数据仓库与联机分析处理技术、基于内容的分类检索技术、信息抽取技术、自然语言理解技术等。

四、档案多媒体数据库建设

档案多媒体数据库是对文本、图像、图形、声音、视频及其组合等媒体数据进行统一管理的数据库系统,它具有良好的交互性,输出的多媒体文件形象直观,图文声情并茂,能真实生动地还原历史记录。因此,档案多媒体数据库属于特色数据库和优质档案信息资源,应当列为档案数据库建设的重要内容。

(一)建立档案多媒体数据库的步骤

建立档案多媒体数据库有三个步骤:一是收集和采集来自各种档案信息源的多媒体信息。如果来源是数字化多媒体信息,即多媒体电子文件,则归档处理后直接进入档案多媒体管理系统的存储设备中;如果来源是模拟多媒体信息,如模拟录音、录像,则采用音频或影像采集设备,将其转换成数字化的多媒体档案后输入到档案多媒体数据库。二是按照多媒体档案的整理规则,对多媒体电子文件进行整理,形成档案多媒体目录数据库。三是将整理后的多媒体档案挂接到档案多媒体目录数据库中。

(二)多媒体档案与档案多媒体目录数据库的挂接方法

鉴于多媒体档案占据容量大,对档案数据库运行效率影响也大,因此,需要慎重选择多媒体档案与档案目录数据库的挂接方法。挂接的方法一般有基于文件方法和二进制域方法两种。

1.基于文件方法(又称"链接法")

这种方法是将独立存储于计算机载体中的多媒体档案的名字与位置(即路径)存入(即"链接"于)档案多媒体目录数据库相应的记录中,而不是真正将档案存储在目录数据库中。当数据库管理系统访问多媒体档案时,根据目录数据库中记录的多媒体档案名称和路径,访问多媒体档案。这种方法的优点是:尽管多媒体档案容量大,但是不会给目录数据库增加负担而影响目录数据库的运行效率。缺点是:多媒体档案与目录数据库的关系不够紧密,容易因系统或数据的迁移而断链,造成通过目录找不到对应多媒体档案的故障。

2.二进制域方法(又称"嵌入法")

这种方法是把多媒体档案实实在在地存放于(即"嵌入"到)目录数据库中的 BLOB 字段(即"二进制域")中,该字段能存储大文件,因此又称"大字段"。该字段有两种:一种是 Memo(备注)字段,它可以存储大文本文件,容量相对较小。另一种是 OLE(对象嵌入)字段,可以存储大二进制文件,如多媒体档案等。ORACLE 数据库的一个 BLOB 字段可存储不大于 4G 的多媒体文件。这种方法的优点是:多媒体文件与目录数据库的关系相当紧密,不会断链。缺点是:大容量的多媒体文件会增加目录数据库的负担,影响其运行效率。因此,在使用二进制域方法时,需要采用一些技术手段来弥补其缺陷。

第四章 档案管理信息系统建设

第一节 档案管理软件的开发与应用

现代科技和生产的发展使得档案的数量急剧增加、档案利用率不断提高,传统的手工整理、档案检索已经越来越不适应现在的需求,如何以较少的人力、物力更好地整理、加工档案信息,为利用者提供准确、快捷的服务,已成为亟待解决的问题。计算机具有运算速度快、精确度高、逻辑判断能力强、存储量大、容易操作、能够实现网络化多媒体管理等人力所无法达到的优点,利用计算机管理档案,正是解决这一问题的有效的方法。

一、计算机在档案管理中的应用

计算机可以在档案管理业务过程各个环节都发挥一定的作用,但是,档案工作对计算机管理系统的首要要求是利用计算机来管理好档案的组织架构以及信息内容,以方便查询,所以编目管理,即目录管理,是计算机管理系统的核心功能。

计算机管理系统在档案业务中还包括:档案的收集、档案的整理、鉴定销毁、档案保管、档案检索、档案利用、档案统计、档案编研、数据交换、光盘发布等。

（一）档案计算机管理重在制定标准和丰富数据源

我国档案计算机管理刚刚起步时,遇到的问题很多,如计算机的选择、应用软件的开发等。而实践证明,设备问题固然重要,但最关键的还是如何保证档案机读数据的质量和数量。所谓质量主要是指按照标准和规范对档案信息进行的加工处理,即档案信息处理的标准化问题,而数量则是指应尽快地把能满足应用的较充足的数据装入计算机。搞好标准化,才有现代化,这是经过实践获得的重要经验。在此基础上才会有通用性强、可以满足多种应用的计算机软件。在档案计算机管理的发展过程中,可以看到某些单位的计算机几经更新,越来越先进,而应用效果却很晚才见到;不少单位同时开发制作着功能类似而互相难以通用的软件。原因就是标准化水平不高和数据量不足。与计算机的快速发展相比,标准的制定相对要缓慢一些,尤其是由一系列标准构成体系从而实现标准化,周期就会更长。我国从 1985 年开始公布了第一批档案工作标准,到 20 世纪 90 年代初,与档案管理自动化有关的标准才做到了基本配套,且数据量也日益充实。此时,档案计算机管理应用的效果才逐步显露出来。积极支持、倡导和从事标准化工作,为增加档案机读信息而努力工作的档案工作者,可谓功不可没。

(二)档案计算机管理要不断跟踪新技术的发展

可以说,几乎计算机技术的每一项新进展,都在档案管理现代化中引起了反响,并被用于新的工作环节,解决了档案工作中一个又一个问题。从基于机读目录的自动编目、联机检索,发展到借助光盘存储器的档案全文信息存储与检索;从一般文件信息处理,发展到录音档案、影像档案等多媒体档案信息的处理;从一般的档案管理软件算法,发展到使用属于人工智能应用的知识库技术和模糊集合运算技术,解决了一些传统性难题;从人工著录标引,发展到自动著录标引;从单纯的档案信息检索、利用管理,发展到档案管理的各个环节;从专用软件发展到基于标准化系列的通用性软件和商品化程度较高的优质软件;从较封闭的单机和局域网应用方式,发展到档案与图书、情报信息共同运作的广域网工作方式,以及将部分档案管理信息连接进入国际互联网络;从一般的科技档案管理,发展到以计算机辅助设计、计算机辅助制造为基础的包含科研、生产全过程的信息综合管理等,各种应用进展举不胜举。可以预见,随着计算机技术的进一步发展,还会有更多的新应用出现。

(三)档案计算机管理要适应资源共享的需要,建立综合性网络数据库

随着档案计算机应用的普及,档案数据库已从内部库、局域网库开始发展到办公自动化、图书资料和科技信息等综合性网络的共享库的建立。档案计算机管理应用是从自建自用内部机读目录数据库起步的。到20世纪90年代初期,应用计算机的单位普遍建立了档案信息管理的局域网,而且一些部委、省、市及大型企业单位的档案管理局域网还加入了办公自动化或行业体系的广域网,形成了较大的互联网。由于实现了多种信息的共享,网上用户的信息拥有量变得极为丰富,改变了以往孤立的档案信息系统中常见的应用方式封闭、数据量少和效益低的状况。

(四)档案管理的多媒体信息处理已从技术探索逐步向实用化发展

档案部门从1992年开始进行多媒体技术的应用研究,目前已经在档案馆指南、多媒体档案信息管理两种应用方式上进入实用阶段。一些已投入使用的多媒体系统,可以为用户提供该局的办公引导、测绘管理、业务信息查询等服务,图、文、声、像并茂,使用方便,形象生动。随着计算机网络的多媒体化,网络的基本工作方式和运作功能也正在朝着多媒体化方向发展。有一些办公自动化网络带有多媒体视频会议功能或多媒体电子文件处理及归档功能。

(五)档案计算机管理促进了软件市场的发展

档案计算机管理促进了软件市场的发展,而软件的商品化又促进了计算机应用的普及。从20世纪90年代开始,出现了以较完善的标准和规范为依托的通用化及商品化趋势,并开始形成较丰富的软件市场,对档案管理中的计算机普及起到更大的推动作用。

二、档案管理软件应遵循的原则

(一)标准与规范性

档案管理软件应遵循档案的相关标准,包括著录标准、信息分类和主

题词标引规则、整理标准、数据交换标准、电子文件存储标准等。

(二)灵活性

灵活性、标准性、规范性是辩证统一的。国家、行业、地方标准存在一些差别,系统只有具备一定范围的灵活性,包括灵活的实体分类、标准著录与动态著录、报表灵活设计与输出等,才能适应各种标准。

在配置的灵活性方面,要允许用户选择操作系统、数据库、单机网络环境、体系结构等。

(三)可扩充性

随着业务的发展,用户会有新的需求,包括新的档案管理方式、更高级的计算机体系结构、更大容量的存储要求等。档案管理软件必须能够方便地扩充,才能满足新的业务需求。

(四)安全性

安全性包括存储的安全性、存取的安全性和传输过程中的安全性。

存储的安全性:数据需要长期保存,数量大,数据整理和录入花费巨大,系统必须提供多种存储备份方式,保证数据的安全;数据要有相应级别的安全管理措施,防止被非法修改、删除,保证数据的原始性。

存取的安全性:档案数据中涉及单位和国家的机密,系统必须提供访问的权限控制。

传输过程中的安全性:档案数据在传输过程中要保证安全。

(五)检索效率

检索效率包括检索方式和检索速度两方面。

检索方式:档案最大量的应用在查询,查询用户水平参差不齐、思维习惯各有特点,系统需要提供灵活的检索途径和方式。

检索速度:随着系统使用时间的加长,档案数据量不断增大,系统要保证数据量的增大不会降低检索速度。

(六)开放性

档案产生于各业务部门,计算机档案管理系统与许多系统之间都存在必然的联系。档案系统中的数据要能和其他系统无缝衔接,如办公自动化系统、计算机辅助设计系统等。

(七)易用性

档案数据各种操作都应当便于掌握,易于操作。

三、档案管理软件功能要求

在功能设置时,考虑了不同类型的档案管理对软件功能的要求存在的一些差别。如机关档案管理侧重于档案管理与文档一体化功能;企事业档案管理侧重于档案管理与生产、经营、管理、科技活动的衔接,如计算机辅助设计的 CAD 电子文件和光盘存储及其他技术性档案的管理等;综合性档案管理侧重于档案保管、利用统计、借阅管理等。

(一)对数据管理功能的要求

在规定了常规的建立、修改、删除等功能基础上,还专门确定了数据应采用 DBF 格式,因为这种数据格式被所有主流数据库管理系统兼容。此外,还从使用角度规定图纸幅面为 A0、图纸处理精度为 200dpi,这些指标的确定一般是满足应用要求的下限,利于实现合理的技术设备的成本投入。另外,还对其他种类的信息的格式也作了规定,如文字型信息采用 XML 文档和 RTF、TXT 格式,扫描图像数据采用 JPEG 或 TIFF 格式,视频数据采用 MPEG、AVI 格式,音频数据采用 MP3、WAV 格式等。这些格式的确定为档案信息的传输、交换和长期保管及有效恢复创造了条件。

(二)对整理编目功能的要求

这部分功能要求突出了文档一体化的管理,对电子文件自动归档操作中包含的主题词设置、自动标引及归档涉及的封面、表格自动打印等作了规定。这些规定把计算机辅助档案管理中已实用化且可以高效率完成的功能正式确定下来,有利于发挥计算机的效能。

(三)对利用查询功能的要求

这是计算机辅助档案管理中最常用的功能。为适应现阶段技术水平并兼顾近期发展,对全文检索和图、文、声、像一体化检索功能提出了要求。

(四)对辅助实体管理功能的要求

这部分功能对综合性档案馆、机关、大型企业和企业集团档案管理部门而言是很重要的。规定的功能包括档案征集、接收、移交、鉴定、密级变更处理等,还要求对上述处理的时间、来源、数量、种类、载体、人员等进行管理。这些功能有利于把与此相关的工作较系统地纳入计算机的自动处理流程。

(五)对安全保密功能的要求

为确保档案信息的安全,要求档案管理软件的研制、安装、运行必须符合国家的安全保密规定,使软件系统达到相应的安全保密等级,以确保在安全基础上采用新技术,提高工作效率和工作质量。

(六)对系统维护功能的要求

这部分功能主要是针对保证系统的可维护性、可运行性设定的。其中的权限管理、运行日志管理等,不仅是重要的安全措施,也是使软件系统适应电子文件管理的重要要求,兼顾了软件对电子文件管理发展的需要。

四、档案管理软件的筛选与测评方法

(一)测评目的

我国档案管理软件的开发与应用已经有十几年的时间了。据有关部门的不完全统计,我国各部门先后开发的计算机档案管理软件接近1000个,其中仍在使用的软件不少于400个。每年仍有数十个新开发的软件被推出,其中有不少称为通用型软件。有如此丰富的软件资源可供各级各类档案管理部门选用,应当说是很可喜的事。但从实际情况看,并非这么乐观,一方面很多档案管理者挑来挑去找不到满意的软件;另一方面一些软件由于其局限性或某些缺陷而难以推广。造成这种情况的原因主要有两个：一是我国档案标准化工作起步晚，虽然近几年有较大的发展，而且正在完善配套，但是计算机技术的发展似乎更快。例如，我们正在完善档案著录规则时，计算机已经开始大规模处理图文信息了，我们刚刚开始研究怎样制定这类标准时，能同时处理图、文、声、像的多媒体档案信息的计算机应用又成为了热点，而且计算机网络化在档案管理中的普及很迅速，已经成为一种必不可少的平台。这些新发展都对档案信息管理的标准化提出更多、更新、更高的要求。标准化相对滞后的情况，使得具有广泛通用性的档案管理软件难以出现。二是软件的开发者没能按照产品生产或者商品化的规律办事，使得不少软件存在制作欠缺规范、功能设计带有随意性、隐性缺陷较多、售后服务不周到、后继开发和版本更新不及时等问题，于是这些软件难于推广或者寿命短暂也就是必然的了。

对于上述问题的解决，在当前除了加快制定和完善标准之外，还可以采用其他一些办法，如积极促进档案管理软件市场的发展，凭借优胜劣汰的市场规律来改善软件质量，扩大优秀软件推广面，并起到抑制重复性开发、节约人力和财力的目的。软件测评工作就是力图筛选出工作平台新、通用性强、兼容性好、质量有保证的计算机档案管理系统。

(二)测评方法

档案管理软件的测评遵循一套以质量认定为主的规范化的方法。测评涉及的功能度、兼容性等八个方面，是在与国际标准、国家标准及其他一些关于软件开发的常用技术规范总体兼容的情况下，根据计算机管理档案的要求进行归纳确定的，指标得当、包容面宽，既适应计算机技术的发展，又适应档案管理的实际情况。

1. 功能度测评

功能度测评主要是考察软件的实际功能与其标称功能的吻合程度，及该类软件应具有的常规功能是否齐全。例如，有的软件标称的档案自动标引功能就把处理速度描述得很快、正确率说得很高，但是实测时因达不到指标就要被扣分。而另一些软件则把这类功能指标、运行的限定条件和注意事项等描述得较为客观、清楚，这样就较少被扣分。有的软件尽管内在功能不错,但由于开发前调研论证不够充分,忽视了某些常用功能,推广起来会遇到问题,因此也会被扣分。例如,对于文书档案一体化的软件,就应把计算机辅助立卷、文书与档案机读目录格式的互相转换等功能作为常规功能。

2.兼容性测评

兼容性测评主要是考察软件在其所标称的多种硬件或者软件环境支持下的运行状况,以及该类软件在所推广应用的范围内的常见机型上能否正常运行。例如,一些带有光盘设备的图文系统,除了主机有选择余地外,像扫描机、光盘驱动器等必须专配,在兼容性上就打了折扣。对于网络系统来说,还要求图文信息的传递转换设计周到合理,才能体现出较好的兼容性。另外,从测评的情况看,为保证兼容性,使用的软件工具和平台并不是越新越好,应当在成熟性和先进性上统筹考虑才较为合理。

3.速度测评

速度测评主要是考察软件运行中的数据库打开时间、数据查找时间、数据删除时间、索引时间、数据汇总时间、报表生成时间、打印时间,以及完成编目、联机检索、图文传输处理等特定功能目标所需要的时间。速度指标主要是从档案管理的实用要求来确定的,同时还要兼顾计算机技术的发展情况。

4.易用性测评

易用性测评主要是考察软件的易安装性、易操作性、操作引导的清晰程度、在线帮助信息的完整性、人机对话界面的合理性和易懂性、用户自定义功能的便利程度等,在实测中发现这类指标常被扣分,而且商品化程度高的软件与主要是自己用的软件在这项测评中的差距很大。值得软件开发者注意的是,以前那种由开发单位派技术人员上门安装调试,为用户办班授课推广软件的方式已经跟不上时代发展。一些开发经验丰富的公司和新技术掌握较快的大学、研究机构所提供的软件,在这项测评中占有较大的优势。推广的实际情况也反映出,易用性好是用户乐于接受该软件的重要条件。那种具有自动引导安装、自我说明完善、在线帮助完整、操作简便的软件是软件商品化的一种标志。

5.容错性测评

容错性测评主要是考察软件对各种误操作及不合理使用方式的屏蔽和示警能力。近几年开发的软件在容错性方面的进步是很大的,送测的软件在这项测评中多数有较好的表现,尤其是对于档案数据录入中的误操作及属性自动识别和限定功能,已经是一种常见的容错性设计。但也发现在对错误信息的处理方式上,有不少软件欠缺妥当。有的示警信息说明不够清晰完整,有的软件不能保留或返回原现场,这种情况属于反应失当,实测中也常把这种现象当作由于误操作引发的软件故障。分析起来,这种情况也可能是软件开发者对所使用的工具软件或平台缺乏深入了解,过分依赖这些环境提供的出错处理功能造成的。

6.安全可靠性测评

安全可靠性测评主要是考察软件对非授权用户的识别与抵制、对网络非法用户侵入的防范、口令密码设定与管理的严密程度、数据传输加密和解密的安全性、对极限使用方式和极限环境的适应性、硬件和软件运行的故障率等。实测中发现,多数软件考虑到了这类功能,但是又或多或少存在问题。例如,一些软件开发者对防止非法拷贝采取的措施较为严密,但是为用户提供的信息安全保密方法却非常简单,不少系统只设置了普通口令,而对系统维护性操作未划分权限,这样会对安全造成很大的隐患。一些系统的设置对使用过程自动记录和建档的日志功能很好,但对这类信息也应做加密处理,并采用隐蔽性保护措施,防止被破坏。而网络系统的安全可靠性设计上问题就更多,这是因为网络上的信息库必须按共享要求设计,提供公共接口、遵守通信协议等,而许多设计者对网络的安全隐患的严重性缺乏足够的认识。

7.数据结构的合理性测评

数据结构的合理性测评主要是考察软件所建立的数据集的逻辑结构和物理结构,在满足功能要求的情况下是否合理,并与《档案著录规则》等国家标准是否兼容,数据操作是否简捷、高效、省存储空间、操作权限明确,网络环境中的数据集分布与流动是否合理等。数据结构设计得好坏往往决定了系统整体技术指标的高低,这也是档案管理软件的重点测评项目,原因是档案信息量很大,只有做到数据的逻辑结构和物理结构均合理,才能保证系统高效、可靠。

8.资料的测评

资料的测评主要是考察软件操作使用所必须具备的资料是否完整、清晰、可用性强。软件开发过程中生成的资料不作为测评重点。其实在实测中,通过对操作手册的检验也可以间接看出软件的开发是否规范。这项测评也可以说是区分商品化软件与一般自用软件的标志。通过送测的资料,可以在某种程度上区分软件在论证、开发、调试、维护等方面的差别。那些管理科学、工作程序严谨、技术水平较高的软件,在资料测评中均会有较好的表现,而那些开发水平较低或自用的软件,资料也往往粗糙,而且漏洞较多。甚至有的软件按手册操作经常"碰壁",使手册的引导也变成了误导。较普遍的问题是资料偏重于指导操作,缺少系统维护或故障对策等方面的内容。

在进行了上述八个项目的测试后,再汇集起来对软件做一个总体评价。

(三)软件测评的作用

1.为软件的推广提供了可靠的依据

国家档案局在筹划和开展测评工作时,明确地把着眼点放在软件的筛选和推广上。通过这项工作的实际开展,确实起到了这样的作用。经过测评筛选后,达到优秀和良好等级的软件,无论是内在质量,还是展示出来的外在形象,都体现出较高的水平。组织这项工作的国家档案局科技成果推广部门也认为测评是成功的,获得的结果让人信服,对筛选出来的软件进行推广感到有把握。

2.对软件开发起指导作用

实际情况是,与其说测评是对软件开发结果的评价,不如说是被测软件进行改进的起点和过程。一些软件开发单位在送测前就详细地了解了测评的内容和要求,送测后又对测评中发现的问题认真地修改,然后继续送测,使测评实际上成了提高软件质量的重要手段。实测中能一次达到优秀的可能性极小,最终能达到这一等级的几个单位都体现了精益求精的态度和坚韧不拔的精神。

3.对软件的商品化起促进作用

商品化的档案管理软件应当是什么样的?通过测评方法的制定,为其提供了较规范的模式。可以说,测评方法将影响今后档案管理软件的开发工作,使"手工作坊"式的软件开发向规范化、集约化、社会化的方向发展。当高质量的商品化软件大面积推广之时,那种低水平重复开发软件的现象自然会得到抑制,这将在很大程度上节约档案部门的人力和资金,产生良好的社会效益和经济效益。

五、档案管理软件的组织体系结构

系统体系结构从整体上说是二层结构与三层结构的结合,应用层与业务处理层的相互渗透较深。系统基本上采用组件技术进行系统的构造,系统组件分为核心(基本)组件和扩展组件,组件的整体设计思想是:对业务中基本的、一致的处理进行分类、提取,成为核心组件;将各个独立的、不一致的处理提取为扩展组件。核心系统主要是通过组装核心组件形成的;扩展的产品系统通过核心组件与扩展组件的组装而成。

系统化的复用将为软件企业在竞争日益激烈的市场上赢得有利的地位,因此,对软件复用的研究和实践,引起了学术界和产业界的高度重视。直接面向系统化复用而提出的"领域工程",也成为目前软件工程领域的一个重要研究方向。一般认为,领域工程是为一组相似或相近系统的应用工程建立基本能力和必备基础的过程,它覆盖了建立可复用的软件构件和构架的所有活动。领域工程实施的目标是产生 DSSA,即"专门领域软件体系构架"。DSSA 最外显的组成部分是"应用构架库"和"软件构架库"。

六、档案计算机管理的发展趋势与对策

(一)档案计算机管理的网络化趋势

档案计算机管理的发展,是计算机等新技术的社会化发展大环境中的一部分。20世纪70年代,随着计算机存储容量和运算速度的增加,人们认识到计算机其实是信息处理机。到20世纪80年代初,又有人提出网络就是计算机,或者说网络才是真正的信息处理机,不过这个认识直到90年代初才被大多数人所承认,原因是这时计算机网络有了全球性的发展,短短几年就几乎深入到世界的各个角落。

用户上网意味着其信息拥有量迅速扩大。上网用户可查找的信息量无疑是天文数字,何况互联网络还正处在高速发展的过程之中。档案工作者面临两个问题,一是如何借其扩大视野,依托网络丰富信息资源;二是如何突破封闭的管理模式,把应当开放的档案通过网络及时提供给社会。

(二)电子文件增加迅速

随着计算机应用的普及,各类电子文件的数量增加很快。CAD电子文件的管理方法研究已纳入国家重点支持的科技进步计划,进展较快。与此同时,国家档案局也积极推动了对于办公自动化电子文件归档管理方法的研究工作,并取得了初步进展。

(三)与档案计算机管理有关的一些新技术的发展

语音识别、文字扫描模式识别、超文本和超媒体信息处理等方面的应用,已逐步从研究阶段进入实用领域。计算机的每一项新的技术发展,几乎都会在档案管理中找到用武之地。档案信息的多样及其巨大的数量,为新技术的应用提供了广阔的天地。

(四)计算机多媒体技术的发展

计算机多媒体技术的发展很快。随着多媒体计算机的普及,多媒体互联网络的发展也加快了速度。发达国家,甚至是一些发展中国家,都在参与新一代支持多媒体信息处理的因特网的设计和技术更新,其中发达国家之间的竞争甚至已达到白热化的程度。

(五)新型计算机技术的发展

随着技术的发展,信息技术和电脑技术还会出现新的飞跃。各种功能奇特、先进实用的电脑,将会使人们的工作和生活更加方便快捷、多姿多彩,同时也会给档案工作带来更多、更大的变化。如高性能、低能耗计算机的普及;智能化计算机的开发应用;便携式办公系统的推广;新型高密度、高可靠性存储设备的应用等。

需要研究的问题和对策主要包括以下七个方面:

1.加强领导和统一规划

把以往各单位分散的小系统设计转变成多单位、多部门,甚至全国性的基于大系统工程的社会行为。做到以档案行政主管部门牵头,结合科研、教学等多方面的配合,将有限的资金和技术力量调配好,实现以下目标。

第一,从技术开发到推广应用,形成有机联系在一起的多层次结构。

第二,在标准化方面,由针对某事的独立标准,形成集信息处理、设备选用、技术开发等多方面结合的立体化结构。

第三,在技术人才方面,由相对封闭的"档案工作者与非档案工作者"的简单划分,转变为"参与档案工作的"社会化观念,寻求更为广泛的社会服务和技术支持。只有如此,才能使当前的"人才危机"问题得到根本解决。

2.计算机应用的普及给档案管理的基础工作和管理方法带来巨大影响

计算机在档案管理中的应用不仅带来了高效率和高质量,也改变了档案工作的传统方式。一些单位由于用计算机直接管理文件级档案,产生了是否还需保留案卷级管理的问题;有些部门应用计算机管理档案,根据新的《归档文件整理规则》改革了文件整理方式;档案电子化带来了某些原件是否需保留的问题等。

3.档案计算机管理网络安全问题的严重性及其对策

随着网络化的发展,档案信息的上网管理及其安全性、可靠性、加密技术、"防火墙"技术,以及档案信息与其他信息资源和处理软件的兼容性等问题日益突出,网络安全问题已成为限制其发展的最大障碍,怎样妥善解决这类问题将成为今后的研究重点。依据发达国家的经验,对于电子文件和电子档案涉及的网络安全问题,不仅要作为工程技术问题予以解决,还必须从政府行为和社会行为的角度来综合考虑,采取合理措施,才可能达到理想效果。

4.随着计算机和网络的多媒体化,应注意促进档案多媒体信息管理的实用化

首先,应注意解决多媒体信息演示系统开发方式的工具化问题。如果其开发软件实现了工具化,就可以做到通过改变参数来调整功能结构,并随机填充相应内容,即可得到完全不同的多媒体演示应用系统,从而节约大量人力、物力,使其能广泛地普及应用。

其次,要解决多媒体档案信息处理的标准化和长久保存问题。多媒体信息技术的设备兼容性较差,其信息存取和交换有诸多不便,而与多媒体档案信息长久保存有关的载体筛选工作还很薄弱。上述工作投入大、周期长,需要引起有关部门的足够重视,采取更为有力的解决措施。

此外,还应注意用多媒体技术实现档案管理功能的更新。计算机已经从内部信息的多媒体处理转向处理功能的多媒体化。

5.解决计算机普及速度的加快与档案部门计算机专业人员短缺不匹配的问题

针对这个问题可以采取的措施主要有三点:一是要提高档案工作的标准化程度。档案工作现代化的基础是标准化。计算机在档案管理应用中涉及的每个问题,如数据著录、设备兼容、应用软件推广、信息联网等都需要一系列的标准才能解决。二是要在标准化的基础上,大力推进计算机应用的社会化服务,这是档案部门获得高质量的技术支持和减少人力、物力投入的最有效的途径。三是要加快在档案工作者中的计算机知识普

及,令每个档案工作者都能够尽快掌握应用计算机的知识和技能。

6.解决电子文件归档和电子档案的长期保存问题

电子文件的归档问题应引起更多的注意,要加紧制定有关的国家标准或行业标准。对于办公自动化和 CAD 等产生的各类电子文件的真实性、完整性和安全性予以保证,同时为档案馆接收电子文件形成的电子档案提供指导和规范化的要求。目前在生成和使用电子文件的部门,对电子文件如何安全长久地保管考虑不够充分,而处理电子文件归档管理的档案工作者对其特性又很陌生,因此这个问题必须从现在起就引起广大档案工作者的重视。

7.解决新型载体的安全使用和长久保存问题

随着计算机存储技术的多样化,应随时跟踪技术的新发展,及时对档案信息新载体的使用和保管方法进行实验论证、深入研究,以保证档案的安全可靠和长久保存。

第二节 数字档案室的建设

各级、各类机关的档案室工作是国家档案事业的重要组成部分,是提高机构工作效率和质量的必要条件,也是档案馆工作的前端和基础。因此,数字档案室建设是档案信息化的重要内容,是连接机关办公自动化和数字档案馆,建设、集成机关档案信息资源,确保机关档案资源共享利用的关键环节。它对于维护机关电子档案的真实、完整、有效和安全,提升档案室工作效率和服务能力,促进数字档案馆建设乃至档案信息化的全面、持续、有效发展具有重要意义。

一、数字档案室概述

(一)数字档案室的概念及内涵

《数字档案室建设指南》将数字档案室定义为:"机关在履行职能过程中,运用现代信息技术对电子档案和传统载体档案数字副本等数字档案信息进行采集、整理、存储、管理,并通过不同类型网络提供共享利用和有限的公共档案信息服务的档案信息集成管理平台。"该概念包括以下内涵:

1.建设和应用的主体是政府、企事业单位和各类社会组织的档案室,是为了更好地履行档案管理职能。

2.技术条件是全面应用现代信息技术,包括数字技术和网络技术。其中网络系统应包括各种类型的网络平台。

3.管理对象主要是电子档案(即归档电子文件)和数字化档案(即传统载体档案数字副本)的信息。

4.管理的功能包括档案管理的各项业务。主要是满足机构内部职能活动的需要,同时实行有限的公共档案信息服务。其"有限性"是由机构所有档案的价值特征和档案工作的职能所决定的,它有别于数字档案馆。

5.建设要求是建立档案信息"集成"管理平台。为此需要强调统一规划,统一建设,统一实施,统一管理,做到数据集成、功能集成、流程集成,协调和处理好档案部门与文书部门、档案工作与业务工作、档案室与档案馆之间的关系,在文件生命周期中发挥好承上启下的信息枢纽港作用。

(二)数字档案室建设原则

数字档案室的建设需遵循的原则如下:

1.资源强档原则

数字档案资源建设要做到"三管齐下":一是将来源于机构信息系统的电子档案收起来;二是将室藏传统档案的数字化工作做起来;三是将档案数据库建起来。

数字档案资源是数字档案室的立足之本和利用之源,也是国家档案资源建设的入口和源头。只有从源头上将数字档案资源做大做强,才能做到"上游有水下游满"。所谓"做大",就是严格按照归档范围,使档案资源做到应收尽收、门类齐全、内容完整;所谓"做强",就是要确保数字档案资源的真实、完整、有效和安全,做到配置合理、格式规范、管理有序、特色鲜明。因此,实行机构重要数字信息的资源化管理,应当成为数字档案室建设的永恒目标和基本条件。

2. 标准先行原则

数字档案室建设应统筹协调文件管理与档案管理、业务工作与档案工作、档案室与档案馆之间的关系,确保数字档案室系统与前端办公自动化系统、后端数字档案馆系统的衔接。为此,应当严格遵循既有的标准和规范,以便在系统设计、建设、运行中能够步调一致、统一规范,真正形成文档一体、馆室一体的档案管理体系。

3. 整体推进原则

数字档案室基础设施、信息资源、制度规范、人才队伍的建设,需要依靠管理体系和行政手段整体推进,特别是要将数字档案室建设与机关电子政务、企业电子商务和社会信息化建设密切结合起来,确保这项工作全面、协调、可持续发展。

4. 确保安全原则

数字档案室建设应建立健全与机关整体信息安全管理相匹配的档案信息安全管理制度,按照信息安全等级保护和分级保护要求,采取安全保障技术方法,配备必要的软硬件设施,完善灾难恢复应急机制,确保数字档案室建设和运行的安全。

5. 系统集成原则

数字档案室分布点多、面广,分头建设必然造成资源浪费和信息孤岛的问题。为此,应在国家统一规划、科学管理指导下,研制实用的数字档案室集成系统,采用先进的架构体系(如云平台、B/S 架构等)推广应用,使数字档案室系统具备统一规范的功能设置、数据结构、业务流程、性能指标,并做到与数字档案馆资源的无缝对接。

二、数字档案室的建设任务

数字档案室建设任务包括基础设施建设、应用系统建设、数字档案资源建设、保障体系建设,需要机关、企事业单位的档案部门、信息化部门、业务部门和保密部门共同参与实施。

(一)基础设施建设

依托本单位信息化基础设施,建设相对独立、稳定可靠、兼容性强,能够满足数字档案室运行需求的网络、硬件、软件、安全保障等基础设施。

1.网络基础设施

一般应将数字档案室网络管理中心设于机关、企事业单位的中心机房。机房应具备防雷、防静电、防磁、防火、防水、防盗、稳压、恒温、恒湿等基本管理条件,有条件的单位应建设符合《电子信息系统机房设计规范》要求的 B 级机房。中心机房、网络综合布线的配置,应为数字档案室配备足够数量的网络信息点,网络性能应适应图像、音频、视频等各类数据的传输、利用要求。

数字档案室网络平台应当与单位办公网、业务网统一规划、统一建设,实现跨系统、跨平台的信息交换和利用的分级、分层授权。

数字档案室网络平台与本地区、本部门政务网、业务网互联的,应采取相应措施,确保档案数据安全。

数字档案室网络平台处理涉密信息时,应依据国家和当地有关涉密信息系统分级管理规定确定等级,明确安全域,按照《涉及国家秘密的信息系统分级保护技术要求》进行建设,并应与单位非涉密办公网和业务网实现物理隔离,禁止接入互联网。

2.系统硬件

(1)服务器

服务器性能和数量的配置,应能满足数字档案室应用系统以及数据库、中间件、全文检索、备份、防病毒等基础软件的部署和安全高效运行的需求,并适当冗余、可扩展。

(2)存储设备

应为数字档案室配备先进、高效和稳定的磁盘阵列作为数字档案资源在线存储设备。根据本单位制定的数字档案资源保存策略,确定近线或离线备份系统的配置,近线备份应选择磁带库或虚拟带库及相应的备份软件,离线备份可选择光盘、移动硬盘等脱机存储介质以及相应的备份、检测设备。

3.基础软件

应结合数字档案室应用系统开发或运行需要,为数字档案室配备必要的正版基础软件,包括主流的数据库管理系统(一般采用关系型数据库)、网络操作系统、中间件、全文检索、文件格式转换与迁移、图像处理及多媒体编辑等软件。数字化软件包括扫描软件和图像处理软件、光学字符识别(OCR)软件等。

4.安全保障系统

应结合实际,参照信息系统安全等级保护有关要求,从多层面为数字档案室应用系统建立安全保障体系。应用系统设计、实施完善的用户权限配置和管理功能,为数字档案资源的安全存储、管理提供保障。配备正版杀毒软件,如有必要,应有选择地配备防火墙、用户认证、数字签名、移动存储介质管理等软件,以及业务审计软件等安全管理工具。涉密数字档案室应用系统必须按照国家有关涉密信息系统分级保护的规定执行。

数字档案室应配备专用的电子档案柜,规范存放电子档案;设置门控系统监控报警系统,配备磁带备份系统、光盘刻录系统、断电保护 UPS 系统等外围辅助设备,健全环境安全和介质安全等功能,确保网络设备、设施、介质和信息的物理安全。数字档案室应健全系统备份、灾后恢复等功能,配备防火墙、入侵检测等相应技术设备,建立操作日志,通过身份认证、访问控制、信息加密、信息完整性校验、入侵检测等技术手段和管理方法,确保档案数据得到有效保护。

5.终端及辅助设备

为数字档案室应用系统配备专用终端计算机、扫描仪、数码照相机、打印机等终端设备,以及刻录机、移动存储介质等辅助设备。终端配置应充分考虑档案工作的特点和档案室实际需要,如配置宽幅、零边距、高速、底片扫描仪,光盘标签打印机等。

(二)应用系统建设

应用系统建设应能集成管理各门类数字档案资源,具备收集、元数据捕获、登记、分类、编目、著录、存储、数字签名、检索、利用、鉴定、统计、处置、格式转换、命名、移交、审计、备份、灾难恢复、用户管理、权限管理等基本功能,为电子档案的真实、完整、可用和安全提供首要保障,并达到灵活扩展、简单易用的基本要求。

1.档案门类管理

档案门类管理包括电子档案和实体档案的门类、分类方案、元数据方案的调整及扩展管理。

2.接收采集

接收采集包括文书、音像、科技和专业类电子文件及元数据的接收采集。

3.分类编目

分类编目包括分类组织、归档存储、编目著录等。

4.检索利用

检索利用包括档案检索、利用、编研等。

5.鉴定统计

鉴定统计包括鉴定处理、统计报告等。

6.系统管理

系统管理包括审计跟踪、用户与权限管理、数据维护、参数设置等。

7.技术文档管理

收集保存应用软件研制、测评、运行、维护等过程中形成的文档。

第三节　数字档案馆的建设

一、数字档案馆概述

为了实现人类数字记忆的持续积累、完整采集、长期保存、集中管理、安全控制和有效利用,数字档案馆建设已经成为档案信息化的重要内容。

自从数字档案馆的概念出现以后,我国档案界一直在探讨数字档案馆的概念内涵,出现了各种定义,其中《数字档案馆建设指南》的定义是:数字档案馆是指各级各类档案馆为适应信息社会日益增长的对档案信息资源管理、利用需求,运用现代信息技术对数字档案信息进行采集、加工、存储、管理,并通过各种网络平台提供公共档案信息服务和共享利用的档案信息集成管理系统。从该定义出发,数字档案馆包括以下内涵:

(一)数字档案馆是传统档案馆功能的拓展和创新

信息社会催生了海量的数字信息,人类社会的生存和发展越来越依赖数字信息的传播与传承。传统档案馆难以对信息实行全方位、持久性的保管和保护,提供跨时空、零距离、全天候、交互式的服务;数字档案馆能延伸和拓展传统档案馆的功能,承担起保护和利用数字时代社会记忆的历史使命。

(二)数字档案馆是国家基础数字信息的集散中心

数字化基础信息是国家的优质战略资源,数字档案馆通过科学、规范的收集、整理、保管、保护、传递、开发、利用等方式,对分散于不同载体、不同地域、不同媒体、不同领域的基础信息,实行数字化处理、集成化管理、网络化互联、虚拟化共享,使这些基础信息增值为真正意义上的资源,更好地造福社会。

(三)数字档案馆是"数字化＋网络化"的档案馆

以数字化和网络化为支柱的信息技术的应用是数字档案馆生存发展的基础。数字档案馆建设必须将信息技术与档案馆事业的发展需求紧密结合,必须以信息技术发展为强大的动力,全面、持续、创造性地应用数字化、网络化技术发展的最新成果,不断打造信息时代档案馆的"升级版"。在狭义上,数字档案馆是建立在数字化、网络化平台上的传统档案馆;在广义上,数字档案馆是基于网络环境的面向数字信息对象分布存储的狭义数字档案馆群。也就是说,广义数字档案馆可以被分解为一个个的狭义数字档案馆实体。狭义数字档案馆是广义数字档案馆建设的基础,而广义数字档案馆是狭义数字档案馆发展的较高阶段或较高境界。

二、数字档案馆管理系统的功能要求

根据《数字档案馆建设指南》的要求,数字档案管理系统应当具备"收集、管理、保存、利用"四项基本业务功能以及用户权限管理、系统日志管理、数据备份与恢复、系统及其数据安全维护等功能。数字档案管理系统还应当采取必要措施保证馆藏数字档案信息,特别是由电子文件归档形成的电子档案信息的可靠性和可用性。数字档案管理系统功能可以根据信息化发展和档案管理的要求而有所侧重并不断地拓展。

(一)收集功能要求

数字档案管理系统应当具备接收立档单位产生的电子文件及其元数据、对传统载体档案进行数字化和采集重要数字信息资源等功能。主要包括以下几点要求:

1.根据相关要求接收立档单位产生的各类电子文件及其元数据,并在建立一整套接收机制的基础上,保证接收过程责权明确,杜绝安全隐患,从源头上保证数字档案的真实、完整、可用。

2.提供选择在线接收和离线接收方式。

3.能够批量导入或导出数据,保证数据的可靠和可用。

4.对在线或离线接收的档案数据进行真实性、完整性、可用性和安全性验证。

5.具备目录数据和全文数据等多种信息资源的采集功能。

(二)管理功能要求

数字档案管理系统能够对所接收的各类数字档案信息进行整理、比对、分类、著录、挂接、鉴定、检索、统计等操作,使无序信息有序化,并实施有效地控制。主要包括以下几点要求:

1.按照设定的分类方案,将数字档案信息存储到系统中,或根据管理要求进行适当的调整。

2.过滤重复数据和重新分类、编号。

3.对档案内容进行抽取和添加元数据等操作。目前档案管理都是基于数据库管理方式来实现的,将来不排除使用新的技术方法对数字档案进行有效的管理。

4.辅助人工完成档案的开放鉴定工作。

5.对档案内容数据及其元数据等相关信息建立持久联系,形成长期保存档案数据包和利用数据包。

6.对档案类型、数量大小等按照设定要求进行统计、显示或打印输出所需各类档案信息。

7.辅助完成馆藏实体档案编目(著录、标引)、整理、出入库房管理等工作。

8.制定档案业务流程或进行流程再造。

(三)长久保存要求

长久保存既是要求,也是策略,包括存储格式的选择,检测、备份和迁移等技术方法的采用等。主要要求包括以下几个方面的内容:

1.应当选择符合国家标准的格式,暂时未制定标准的,选择开放格式或主流格式。

2.定期对载体及其软硬件环境进行读取、测试,发现问题,及时解决。

3.根据数据重要程度以及管理和利用的需要,选择在线、近线、离线、异地、异质和分级存储等技术和方式。

4.计算机软硬件以及技术或标准规范发生重大变化或发生重大事件时,为了保证数字档案信息可读,应采取迁移等手段对所存储的数据进行技术处理。

(四)存储架构要求

根据档案数据量和管理目的的不同,采用不同的存储技术及其相关设备。安全性和稳定性是选择存储设备的首要因素。在数字档案馆建设过程中,应根据数字档案馆的数据量和并发用户数的需求,保证数字档案馆合理安全的存储容量和较快的网络传输速度,适当选择采用单一应用平台,配备数据库服务器、文件存储器、备份服务器、备份软件等构成的存储服务平台以及采用 SAN、NAS、DAS、IPSAN 或其他形式的存储技术方法。

(五)利用功能要求

数字档案管理系统应当根据档案信息的利用需求和网络条件,分别通过互联网、政务网、局域网等建立利用窗口,实现档案查询、资源发布、信息共享、开发利用、工作交流、统计分析等功能。主要包括以下几个方面:

1.运用最新检索技术方法,满足使用者在各种平台对档案数据进行快速、准确、全面利用查询的要求。

2.通过网络平台或特定载体发布档案信息和共享档案资源。

3.辅助进行档案信息智能编研、深度挖掘。

4.为档案管理者和利用者提供在线交流平台、远程指导、远程教育。

5.辅助开展数字档案的增值服务。

6.进行档案利用访问量统计、分布分析、舆情分析等相关工作。

7.对用户、数据项、功能组件进行利用权限的角色授权处理,能够进行门类设置、结构设定、字典定义等系统代码维护工作。

第四节　档案网站的建立与维护

档案网站是由档案部门建立、被链接在一起,并通过因特网或各级公共网络向社会提供查询服务的电子文档集合。

一、档案网站建设的意义与作用

(一)为档案馆提供宣传自己的新方式

互联网络已被公认为是继三大媒体之后飞速发展起来的第四媒体,能够克服传统的档案宣传形式的许多局限,成为档案馆自行加强和深化宣传工作的新窗口、新阵地。档案馆可以充分利用因特网覆盖面广、信息流量大的宣传优势,把需要让外界了解的信息,如馆藏概况、档案管理情况、先进经验、开放利用服务信息等做成精美的网页,放在因特网上,让全世界的人通过浏览网页来了解情况。档案馆还可以在网上发行电子刊物和进行精彩档案利用实例发布等,向全社会宣传推介自己,从而提高社会档案意识和档案事业的影响力。还可充分利用网络及计算机的巨大储存能力和快捷的处理功能,通过举办网上展览、网上档案编研成果展示等形式,在互联网上开辟社会主义精神文明宣传和爱国主义教育宣传的新天地。

现在,因特网上有很多提供免费主页空间的站点,可以根据需要选择申请。如档案馆建立了介绍档案馆基本情况、馆藏概况、开放利用及现代化管理情况的网页,这样就为该馆在网上安了家,有了一个属于自己的完全免费的宣传阵地,为提高档案馆的知名度发挥了作用。

(二)为档案馆提供改善服务的新手段

档案馆可充分利用网络分布的广泛性、开放性、动态性和非线性等特点,在网上公布馆藏指南和检索目录,定期或不定期进行特色档案信息发布等,在互联网上开辟一个为社会各界服务的新渠道。

为提高档案信息资源的利用效果,充分发挥档案信息资源的作用,除正常接待查档外,许多档案馆开展了函电代查、代抄、代复制、档案咨询等多种形式的服务活动。因特网的发展,又为档案馆提供了新的服务手段。电子邮件(E-mail)是因特网提供的一种快速、高效、方便、价廉的信息传递方式,通过电子邮件,不仅可以传递文字信息,还可以传递声音、图像、影像等多媒体信息。档案馆通过电子邮件这种形式可以突破函电代查、代抄、代复制的局限,给利用者提供更加及时、准确、全面的信息服务。一般档案馆都会在主页上公布一个可供联系的 E-mail 地址,这样远在外地的利用者可以把他的查档要求通过 E mail 告诉档案馆,档案馆根据其要求查阅后,再将结果以 E-mail 的形式传送给用户。

二、建立档案网站应具备的条件

建立档案网站不仅是为了满足政务公开、方便群众的需要,更重要的是为查阅档案信息提供一条新的便捷途径。凡是牵涉档案信息上网运行的,必须解决好有关保密等方面的问题,同时还须具备技术成熟、配套设备先进、档案工作人员业务素质高等诸多软硬件方面的条件。

(一)要解决好档案信息上网的安全性问题

档案工作自身的性质决定了其在一定程度上的保密性要求,而互联网的特点之一就是开放性,且目前互联网的安全技术还不完备,因此,档案信息上网首先必须经过关于保密与开放的鉴定处理。应当开放的档案应尽量开放上网,不能开放的档案则绝不能上网,以避免泄密。同时,还要及时做好社会急需且已到期的档案信息的解密工作。

对于上网信息中包含的一些只对特定群体公开的限制利用范围的档案信息,可以从网络的物理结构、防火墙设计、用户身份认证等多方面进行安全控制,以保障档案信息网上安全运行。

(二)必须对档案信息进行数字化处理

档案信息必须经过数字化处理,建立包括档案目录数据库和档案全文数据库两大主体类别在内的系列高标准数据库,方能在互联网上发布、存储和传输。现代计算机技术,尤其是宽带多媒体综合数字信息网,可以为用户提供文字、图片、动画、声像等多种信息的综合服务。档案信息数字化的方法很多,最常用的有键盘录入、手写识别、声音识别、图像识别、扫描等。

(三)档案信息的处理必须标准化

标准化是计算机网络信息系统的生命线,是档案信息进入互联网的重要前提条件之一。互联网是一个相对独立的整体,它采用标准的 TCP(传输控制协议)、IP(网络层协议)技术和标准的计算机网络语言,使所有的计算机得以相互交流,从而形成一个巨大的全球信息网。标准化的系统利于信息交流,也会提高信息的通用程度。这就要求我们一方面在日常工作中要严格执行档案收集、整理、鉴定、编目、著录、标引、编研等各环节相应的工作标准;另一方面又要在软件开发中坚持信息系统设计与应用标准,并力求以更加开放明晰的表达方式,获得较高的兼容性和可拓展性。

(四)档案信息必须按不同的服务对象和目的选择、分类

服务对象和目的决定服务内容,档案信息上网的主要目的是为互联网上的全体用户服务,而非单纯的档案管理者。因此,在工作中应当严格区分档案网络化管理和档案信息上网这两个完全不同的概念。尤其是档案信息全文上网处于刚刚起步的阶段,现有档案信息数据库还远不能满足网络的需求,我们对上网档案信息进行选择、分类和处理制作,更应注意在力争满足广大用户需求的同时,明确自己的核心用户和主要服务宗旨。档案馆除应适时发布社会所关注的焦点信息外,还应将馆藏的特色精华部分优先加以开发利用,并推介给广大网络用户,尽快获得用户充分的支持。

第五章　档案信息数据库的构建与实现

第一节　档案信息数据库构建的理论依据

一、数据库的信息管理理论

所谓信息管理是为实现组织的目标,满足组织的需求,解决组织的环境问题,而对信息资源进行开发、规划、控制、集成、利用的一种管理。在这个基本点上学术界已达成了共识。

信息管理经历了文献管理、计算机管理、信息资源管理、竞争性情报管理,进而演进到知识管理。从管理对象来看,信息管理的对象是显性知识。显性知识是一种易于表达、识别、编码、传递知识,显性知识管理正是档案管理的重点。档案管理的对象主要是原始的数据、信息和知识的记录,所以,档案是显性知识的主要载体,可以为实施知识管理提供丰富的信息资源基础。从这个角度来看,档案管理的基本职能就是信息管理。显性知识的管理是档案管理的基础性工作,直接影响着知识库的建立及知识的共享、交流和创新,其重要性不容忽视。因此,档案管理的第一步必须做好信息管理工作,把原来存在的那些数据整合起来,以达到能够适时、不受地域和组织形式限制获得知识的目标。从目标和功能来看,信息管理的基本目标是用一定的技术手段和编码形式客观地记录与描述人们对客观事物的认识,实现信息的合理配置,以便在需要时发挥作用,满足人类对信息的需求,侧重于对现有信息的收集、整理,把数据信息化,即先有数据,后有信息。从实施过程和条件来看,信息资源管理是沿着"集成信息技术—信息高速公路—因特网"的轨迹发展的,它不可避免地带有浓厚的技术色彩,因而信息管理主要是一种技术手段,它以管理理论、信息技术为支撑。从业务上看,信息管理主要是信息的组织、控制与利用的过程,是根据规范和指令对信息加以处理。相对来说,信息管理的收集、加工、检索和传播等组织与控制技术已较为成熟,而其利用环节尚未充分开发与实施。

二、数据库的知识管理理论

知识管理的概念起源于 1998 年前后,它基于这样一个事实:随着网络技术的普及,企业内部网、外部网上的数据唾手可得,但员工却淹没在数据汪洋中(如个人数据、团队数据、公司数据、外部数据),难以找到所需资料。为了摆脱这种尴尬的局面,企业信息系统必须考虑如何有效地收集数据、管理数据、保存与分析数据,这就是所谓的知识管理。知识管理的功能包括数据的收集、分类、共享和复用。知识管理系统的建立是一项难度很大的任务,所涉及的相关技术包括文件电子化、数据仓储的建立、数据开采、在线分析、文字开采。

(一)知识管理与信息管理

如果说信息管理使数据转化为信息,并使信息为组织设定的目标服务,那么知识管理则使信息转化为知识,并用知识来提高特定组织的应变能力和创新能力。知识管理是信息管理发展的新阶段,它同信息管理以往各阶段不一样,要求把信息与信息、信息与活动、信息与人整合起来,在人际交流的互动过程中,通过信息与知识的共享,运用群体的智慧进行创新,以赢得竞争优势。信息管理目前主要是信息流的控制,知识管理则是知识应用的管理。对于信息管理而言,似乎技术能解决所有问题,而知识管理更考虑了人力资源和过程的主动性。从管理对象来看,知识管理远远大于信息管理。知识管理的对象不只是显性知识,还包括对隐性知识的管理,对人力资源的管理等,更注重对隐性知识和人员的管理。从目标与功能来看,知识管理的最终目标是知识创新,不是吸收和占有多少知识,是促进组织机构运用已有知识进行创新并创造新知识,解决经营决策问题,更侧重于对新知识的生产、创造,具有较强的方向性和效用性,是把信息转化为知识创新也是所有知识管理者追求的直接目标,管理创新是实现知识的转换和社会财富转化的过程。从实施过程和条件来看,知识管理要复杂得多,涉及价值观问题等,因而不仅需要管理理论、信息技术为支撑,还需要价值理论、产权理论、交流理论、学习理论等来共同构建。从业务上看,知识管理业务涉及发现知识、交流知识与信息、应用知识与创新,其中包括信息管理编程、激励过程、权利维护过程等。可见,知识管理不是信息管理的简单延伸和发展,而是对信息管理的一种变革和超越。

(二)知识管理与档案管理

知识管理的重点是对组织中的战略性资源——知识的管理,而一个共同、永久保存组织自身知识的形式便是文档。文档是知识的容器,是已经物化的显性知识,其中蕴含了大量本企业的知识财产。适时地、不受地域和组织形式的限制获得基于文档内容的知识,正是知识管理的一个主要目标。因此,一方面文档管理构成知识管理的一个模块;另一方面文档管理技术是处理显性知识的关键技术,是知识管理的重要基础。在知识收集过程中,文档管理是基础。这里所说的文档包括国际标准准则、法律法规、合作协议、历史归档文件、通报、应急预案等多种类型。

知识管理与档案管理都是对人类认识过程中所产生的各类知识信息的创造、获取、加工、存储、传递和利用的过程。这就是对信息资源的深层次加工过程,都要了解信息资源管理的主要内容,不仅要从外在的物质形态特征加以掌握和了解,更要从内在的内容特征加以掌握和了解。此外,知识管理与档案管理这两种加工过程,都与现代信息技术紧密结合在一起。知识的组织和管理技术体系是一个多层次、多模块的复杂信息技术流程,在技术操作上已经开发出许多智能技术和软件技术,如数据仓库、群件技术、推送技术、多维度分析技术、知识挖掘技术、知识发现技术、数据融合技术、文档处理技术等,广泛应用这些技术进行知识的组织和积累,可以在很大程度上提高知识组织和管理的效率。在档案信息管理中,电子文件实行前端控制和全程管理,对电子文件实施全过程的监控和管理,都需要一定的信息技术和计算机技术。

知识管理和档案管理就其功能本质而言,都是通过提供有价值的信息为组织服务,为社会服务。档案管理工作是通过对档案信息的有序化,为利用者提供所需要的相关信息、知识以解决问题、支持决策,从而使组织的价值实现最大化的管理活动。知识管理的目的则是通过对知识的识别、获取、开发等基础活动实现知识的更新和有效利用,从而提高个人或组织创造价值的能力。因此,两者在终极目标的实现过程中表现出了同向性。

三、数据库的共享协同理论

信息共享就是要解决相关部门在履行职能的时候,能在需要信息的时候,尽快地获得该信息,从而满足其信息共享。

业务协同有两个基本含义:第一个是业务协同一定是跨部门,而不是部门内的;第二个是处理别的部门的信息和业务能像自己部门一样方便地得到或处理。实际上,无论是信息共享还是业务协同,如果没有网络平台环境,信息共享和业务协同也在做,但是效率差一点、速度慢一点、程度浅一点。但是在当前数字化、网络化的环境下,档案信息共享和业务协同要充分发挥网络平台的作用,让其效益最大化。

信息共享和业务协同的主要内容有以下几点:

(一)信息是基础

对于信息共享、业务协同来说,全面的、系统的、高质量的、可共享的信息是基础。信息无处不在。为什么说信息是基础,信息共享就是要解决信息是什么、从哪里来、到哪里去。没有这个基础是什么都办不了的。

首先是全面。信息往往涉及多个部门、多个层级,因此管理者要通过重点应用带动,加强基础信息工作,进而提高信息的完整性。

信息全面还不够,还要是高质量的,要保证信息是动态更新、准确的。如果不是及时更新的、不准确的,就没法用。

还有一个约定条件是可共享的,就是我们要有目录体系和交换体系。

否则,即使有了信息,也不能界定谁能用谁不能用,所以还要通过目录体系和交换体系来解决可共享的问题。

(二)平台是依托

信息怎么得到?为什么说传统方式不能做到,只能借助网络平台?因为共享的信息数量很大,交换的数据量已经过亿,如果还是手工方式,这种效率是不能容忍的。

在数字化、网络化环境下,信息共享、业务协同必须有技术平台。这个平台不仅仅是网络,而且在网络上,相关部门不管是横向的还是纵向的,都能按照业务需求,像在同一个部门一样,获取相关信息来办理相关的业务。因此,目录体系和交换体系具有双重性质:一是内容性质,它反映了档案信息和共享信息的本身;二是技术性质,要通过软件来实现。实现的软件也变成了技术平台,这就是依托。

除了技术平台之外,还要有标准。对信息共享、业务协同真正重要的标准是关于指标的标准,例如,一个人的逻辑库有两个基本条件:一是人的基本信息,二是全部与他相关的指标。这些指标不是罗列出来,而是要指向一个系统,必须有指标和指针,否则,共享就无从谈起。被指向的具体部门,也要解决两个问题:一是本部门的系统,相关信息必须完整;二是本部门产生的信息要和别的部门产生的类似信息比对。所以,对相同的指标要有动态核对机制,否则无法保证共享的信息是否准确,通过平台辅助更新、对比,这些用手工方式是无法做到的。随着技术和应用的发展,对平台会有更高更新的要求。

(三)应用是抓手

不管是工作走在前面的,还是准备要做的,工作的重点一定是具体应用。经济效益、社会效益和生态效益都是优先考虑因素,档案管理与信息统计工作也是如此。因此,这是管理者推动档案信息共享和业务协同的重点工作。

(四)制度是保障

因为档案信息的特点,特别是数字化后的档案信息,具有看不到摸不着的特性。在处理业务协同问题时,管理者面对的情况很多是以前没有遇到的。制度保障的重要性在此时是很难持续发展的。从应用到维护和管理都需要制度保障,同时各个部门需要制定制度协同推进。

第二节 档案信息数据库的总体架构和主要功能

一、档案信息数据库性能指标分析

用户的需求不仅是数据库架构设计的基础,也是制定数据库的性能指标的依据。性能指标体现了档案信息数据库设计的总体原则,也是确保用户需求和数据库功能无缝对接的前提条件。档案信息数据库由多主体协同参与建设和管理,目的是通过对异构信息和系统的动态集成,面向用户提供交互式信息共享,以及一站式检索、获取服务。

二、档案信息数据库架构设计

(一)用户需求分析

需求分析是整个档案信息数据库建设的基础,这一阶段的主要任务是通过了解和明确用户的需求,包括用户需要数据库中存储哪些信息和需要数据库提供哪些功能等。对于数据库设计人员而言,一方面要了解档案部门的管理需求及其业务流程;另一方面要明确使用档案资源的用户信息需求,在此基础上构建数据库的整体结构,并且将整体结构反馈给用户,进一步沟通和修改,如此反复直到数据库的整体结构设计能够解决用户的真实需求,得到用户的认可,才能继续进行下一步的设计和实施。了解用户需求的方法主要有:跟班作业、座谈会、专人介绍、调查问卷等,这些都是促进数据库设计人员熟悉业务流程、理解用户真实需求的有效方式。

档案信息数据库的使用者主要有三种类型:档案管理人员、查档用户和系统管理员。其中系统管理员主要负责的是档案信息数据库的维护,该需求及其对应的数据库功能设计与一般数据库类似,这里不再赘述。

档案管理人员主要负责的是档案资源的管理,包括整理、标引、录入、存储、修改、调档提供利用服务等工作职责。在档案馆建立的馆藏数据库中,这些都是基本的功能设计。

查档用户是档案资源的使用者,这类用户对档案资源的要求以全面、方便、翔实为主。全面是对档案资源的要求,即档案信息数据库中的资源能够系统而详尽地反映社会重大事件的前因后果、来龙去脉,除了档案文件,还可以包括新闻、社会评价等。

(二)基于协同的整体架构设计

从用户需求来看,档案信息数据库需要具有一系列功能模块,才能准确实现用户需求的满足。根据用户类型及其需求特点的不同,档案信息数据库功能模块设计分为三类:一是满足系统维护人员的需求,如系统、软件、数据的正确性维护、差错性修改及兼容性扩展等功能;二是满足档案管理人员的资源建设需求,如档案资源的采集、标引、存储等功能;三是满足查档用户档案信息检索、获取及咨询、反馈等交互门户服务功能。此外,由于档案信息数据库涉及数据和系统的异构分布集成,需要多主体共同参与管理、维护,因此需要具有让多主体实时分布协同互操作的功能。

可见,档案信息数据库在宏观上主要需要实现档案信息的采集、标引、协同管理、提供档案服务和实现用户反馈这五个功能。

需要注意的是,资源数据库系统和服务平台之间并不是相互独立的平行关系,它们之间是由档案信息数据库协同管理系统紧密联系而形成一个有机系统。因而在下文论述档案信息数据库建设系统和功能模块设计时,一般基于档案信息数据库这个系统的整体性来考虑,围绕用户需求来设计这个系统所要具备的功能特点。

三、档案信息数据库的功能模块分析及具体设计

(一)档案信息采集

信息资源的采集是档案信息数据库建设的基础,也是数据库能够提

供档案服务的核心所在。信息资源采集模块的主要作用就是将所有与本专题相关的信息资源收集、整合，作为数据库的内容基础为后续工作服务。档案信息数据库的信息来源一般有四个，分别是既有档案数据库、纸质档案数字化、Web 收集和信息征集。

既有档案数据库是档案信息数据库最重要的数据来源，它包含了大量结构化的数字档案资源和各种专题性内容，对于这部分信息的收集主要是通过技术手段将其一次性或分期导入档案信息数据库中，如此能节省不少录入的人力、物力。

纸质档案数字化主要针对的是没有录入原有档案数据库中的档案信息。这又分为两种情况：一是新增加的档案，暂时还没来得及录入；二是该档案的保存单位没有进行档案的数字化管理，所有的档案都是以纸质形式保存的。无论是哪种情况，这种类型的信息首先要经过数字化处理，处理方式可以是人工录入，也可以是通过扫描或拍照将正本档案数字化。不同的是，人工录入时，录入格式可以直接根据数据库的标准进行，扫描和拍照得到的图片信息需要做进一步的标引。

Web 收集则是对网络中新更新的信息进行收集的活动，包括互联网的原档案数据库更新的内容，以及与某些专题相关的电子文件、新闻动态、专家观点，乃至用户言论等方面的内容。信息来源的网站可以是其他各种数据库、专业的新闻网站、各大门户网站、社交网站、社会化问答网站等。这种类型的信息可以通过"网络爬虫"进行自动采集，采集到的信息再通过自动和半自动的方式进行标引，最终存入专题型资源档案库。

信息征集是信息采集过程中常用的方法之一，主要在信息资源比较缺乏或信息资源内容需要补充时使用。信息征集法根据其征集的内容可以分为图书资料征集、档案征集和意见征集，根据征集资源形态可以分为纸本档案征集和数字档案征集。纸本或数字形态的图书资料征集和档案征集都属于信息资源补充征集，包括登门征集、信函征集、发文征集、电话征集、广告征集和网络征集六种形式。在进行信息征集时，又可以根据需要选择是否给予信息提供者一定的报酬。就当前的信息环境而言，网络征集具有覆盖面广、及时性高、方便快捷等特点,是信息征集中最有效的方法。征集到的信息需要进行人工审核,考证其适切性、真实性和可信度,进而决定是否将其存入档案信息数据库。对于适切性、真实性和可信度达到要求的纸本档案,可以经数字化途径后再进入档案信息数据库。

(二)信息标引模块

信息标引就是对信息的描述,即完成对数据的元数据著录,目的是实现信息资源的组织和检索。专题性档案资源是由多个信源相关信息的集成,资源内容建设既来源于图书馆、档案馆、博物馆等领域机构,也来源于万维网的数字信息。这些不同领域机构形成的不同类型和格式的信息资源,其原有的著录标准和工具是不一样的,对资源之间关联的揭示程度也各不相同。如此,难以实现信息和服务的标准集成。毕竟图书情报领域的著录标准和规范不能完全适用于档案领域。早期的《档案著录规则》过度承袭图书情报领域著录方法,因而在著录过程中出现著录级别少,无法反映档案产生背景及文件之间的关系等信息,这不符合网络电子文件著录的需求。另外,网络发展导致的信息集成和服务融合趋势,也要求一种新的著录技术,能够兼容不同领域之间不同类型的信息资源的著录特点。

EAD(编码档案著录)技术正是在这种需求背景下产生的。EAD以XML作为编码语言,由档案工作者参与制定,定义了检索工具结构化元素和相互关系,非常适合档案工作者编制检索工具,是真正属于档案工作者的编码标准。通过一套标准规则来描述档案的特征信息,以使这些信息不再依赖于某些特定系统或平台就能被查询、检索、显示和交换。基于标准通用置标语言SGML的EAD具有很强的检索功能,并且不依赖任何硬件和软件平台,就能实现多种级别的标示符著录、变更和转化,因而对万维网有良好的适应性和灵活性,可以适用于多种类型的馆藏。EAD的这些特点能够很好地甄别、管理、利用档案库中的馆藏档案,且能够促进多种检索工具之间的交换与互操作性,因而获得广泛的应用,尤其是针对图书馆、博物馆与档案馆等信息融合服务等业务方面,具有得天独厚的优势。由此,EAD的这些特点十分符合档案信息数据库的建设和使用特点,是数据库信息标注的不二选择。

档案信息数据库的信息标引主要可以通过三种方式进行:程序辅助转化、人工著录、自动和半自动标引,对于不同的信息源类型,可以采用不同的标引方式。

数字档案信息是已经进行了标准化的信息,可以通过程序批量转化为档案信息数据库所需要的 EAD 著录格式,而新增的纸本档案由于尚未通过数字化转化,需要人工进行著录。部分 Web 信息由于其重要性和官方性,如政府机构或企业官网发布的重要通知,也需要人工进行标引或人工对自动标引的结果进行审核,以保证著录结果的正确性。对于大部分的 Web 信息来说,自动标引是主要标引方式,一方面,现在的 Web 信息大都是通过网页展示的,HTML 和 XML 本身就有着标准的格式,因此实现 Web 信息的自动标引是很容易的;另一方面,Web 信息是档案信息数据库所有信息来源中更新最频繁的,通过自动标引可以节约大量的人力资源、提高标引效率,从而提高数据库的运行效率,实现档案信息数据库建设的价值。

(三)信息存储模块

将标引完成的档案信息资源存入数据库是数据库运行和提供服务的基础。目前,有很多信息存储相关的技术,如网络存储、分布式存储、云存储等。分布式存储和云存储虽然能更好地利用空间资源,但与档案资源的保管要求不符,尤其是安全性一直受到质疑的云存储。信息存储模块的设计,不仅要考虑档案信息数据库功能的实现和性能的优化,也应考虑档案信息数据库设计的安全性和保密性原则。因此,选择档案信息数据库的信息存储方式应该根据具体的用户需求和数据库运行环境而定,而不是追求最新最好的技术。网络存储技术,包括网络附加存储(NAS)和存储区域网络(SAN),在档案信息数据库中都有着很好的应用前景。

除了存储技术之外,数据的存储结构也是需要注意的重要内容。在数据库的物理设计中,数据存储的基本原则是将易变数据和稳定数据分开存放,将存取频率较高的部分和存取频率较低的部分分开存放,因而在数据库的存储设计中也需要遵循相同的原则。[①] 这样做的目的是在数据的存取时间、空间利用率和维护代价三者之间寻求平衡,以达到相对最佳的系统性能。依照该原则,可以进行如下存储设计。

第一,数据库的数据备份、日志文件备份等由于只在故障恢复时使用,数据量很大,可以单独存放。

第二,在存储时将资源分别存储在不同的磁盘上,查询时物理上的输入/输出的读写效率就可以增加,这是由于磁盘驱动器处于并行工作状态。

第三,可以将比较大的数据表分别放在两个磁盘上,这样存取速度会快很多,另外,多用户环境下这一方法同样有用。

第四,可以将不同来源的档案信息资源分别存储,这么做主要有两点考虑:其一,来源的信息更新频率是不同的,以 Web 信息更新频率为最高;其二,来源的信息格式各不相同,同种类型信息统一存储,可以通过中间件技术便捷地进行整合,在用户进行分类浏览时也可以提高存取效率,减少系统开销。

(四)信息服务模块

1. 一站式检索服务

档案信息数据库的信息服务最主要是为用户提供一站式检索,根据用户的检索条件限制返回符合条件的检索记录,并提供该记录的相关信息、全文地址或下载链接。在信息采集模块中有四种信息来源,不同类型的信息来源之间,同种类型的不同来源主体,都会造成专题档案信息的异构性,消除这种异构性,提供统一的接口是档案信息数据库提供一站式检索服务首先要解决的问题。

中间件的概念是人们为了解决分布异构问题而提出的,是解决信息异构、实现信息资源整合,实现门户平台服务集成的技术基础。中间件是独立于硬件系统或数据库企业的一类软件或服务,处于应用软件和系统

① 王珊,萨师煊.数据库系统概论(第四版)[M].北京:高等教育出版社,2006.

软件之间,它对于分布式应用起到了一个标准的平台作用,可以集成应用系统,而这些应用软件的开发和运行则不必依赖具体的计算机硬件和操作系统平台。门户服务平台是信息服务的集成,能为用户提供统一标准的信息资源和服务。因此,在门户服务平台接口所对接的是统一标准格式的信息资源和应用系统。换言之,门户服务平台与资源管理系统之间,应该基于中间件构建一个统一标准的接口,以实现用户一站式获取统一标准的档案信息服务。

中间件作为一个承上启下的存在,通过中间件技术,整合了异构化的各种信息资源,实现了数据库各个子库之间的相互连接,达到了资源整合的目的。在此基础上,中间件还支持标准的协议和标准的接口,标准接口对于可移植性非常重要,标准协议对于互操作性也是如此。这两方面使得中间件成为标准化工作的主要部分,在档案信息数据库建设中有着不可替代的作用。在这样的档案信息数据库结构模型中,中间件为档案信息检索服务和协同管理这两大应用功能的开发提供了一个较稳定的高层应用环境的接口。因此,不管数据库的各个子库在运行过程中如何更新换代或是调整完善,面向用户和管理人员的应用软件都很少需要变更,只有少数情况下对中间件进行升级和更新,在这个过程中,只要能够维持中间件对外的接口定义不变,就可以维持原检索功能和协同管理功能,避免投资浪费。

2.具体功能介绍

档案信息检索是数据库向用户提供服务、实现自身价值的途径,从检索特点上又分为基本检索和高级检索;用户交互功能主要是解决用户不能通过数据库解决的问题和在数据库使用过程中产生的问题,主要采取的方式是咨询、常见问题(FAQ)和用户反馈。

(1)基本检索功能

本功能涵盖分类浏览和简单检索两种功能,无论是浏览还是检索,都应该提供多种检索字段,如关键词、资源类型、时间、来源、馆藏地、馆藏编号等。这些字段不仅在检索中使用,在检索结果的提炼和筛选中也同样发挥着重要作用。

（2）高级检索功能

高级检索功能主要是面向专业研究人员而设计。该功能可分为两个部分：一是设计高级检索语言的检索入口，更好地保证专业人员对信息的查全率和查准率，提高其工作效率；二是定题跟踪功能的实现，即将符合用户制定的主题或检索式的新更新的信息推送给用户的一种服务模式。

在用户实施检索后，档案信息数据库将符合用户检索条件的记录，都以检索结果页面的形式反馈给用户。检索结果页面不仅提供满足条件的记录及记录的各项信息，如时间、来源、馆藏地等，还可以根据各字段对检索结果进行提炼，并且将全文地址或下载链接提供给用户。

（3）咨询服务

档案信息数据库的咨询服务主要是指导和帮助用户完成检索任务。咨询服务的实现途径，可以是向用户提供咨询电话、在相应的档案馆或博物馆设立人工咨询的服务台，也可以是在系统中增加在线咨询服务。在线服务能够较好地提供不受时空限制的交互功能，用户可以通过数据库提供的嵌入式聊天功能直接向工作人员提问，进行交流，最终解决问题。

（4）常见问题（FAQ）

常见问题是各个网站和系统中常用的疑问解答方式。档案信息数据库协同管理组可以将用户经常询问的问题整理出来提供解决方案，制成图文并茂的指南，并辅以文档检索功能，以帮助用户自主解决数据库使用过程中遇到的问题。同时，数据库门户协同管理组还应根据用户的咨询内容不断地补充与更新常见问题库，保证其有效性。

（5）用户信息反馈

用户信息的反馈是数据库不断优化的重要依据，主要包括对档案信息数据库本身的意见和对数据库内容的意见两方面的内容。通过用户信息的反馈，档案信息数据库才能在内容资源和数据库本身的设计使用上不断地完善。同时，反馈功能还可以作为向广大用户征集信息的途径，充实和拓展数据库的内容。

除此之外,在信息服务模块中,用户与数据库的交互设计——数据库界面设计,也是非常重要的部分。在进行数据库界面和行为设计时应该尽量与用户在长期使用电脑、网络、数据库中形成的语言和行为习惯一致,如在高级语言检索设计时直接遵循公认的逻辑运算方式而不是特立独行、重新构建检索逻辑,使得系统具有良好的界面友好性和易用性。

(五)资源维护模块

资源维护模块在数据库正式投入使用后才开始发挥作用,是一个长期的工作任务,包括对数据库设计进行评价、调整、修改等方面。维护模块的重要性和必要性主要是由两方面因素决定的:一是数据库的应用环境在不断变化,如用户需求和物理环境发生改变;二是数据库在运行过程中,其物理存储会不断地变化,需要通过重新安排存储位置、回收垃圾等手段对数据库进行优化,提高系统性能。与数据库的维护相比,涉及的主体应该是数据库管理员,其职责主要是对档案信息数据库进行经常性的维护工作,包括数据库数据的转储和恢复,数据库的安全性和完整性控制,数据库的监督、分析和改进,以及数据库的重组和重构等。

(六)协同管理模块

协同的对象一般是两个或者多个资源或主体,资源或者主体共同完成某一目标的过程或能力称为协同。协同的实质是消除资源(包括人力、资金、设备、信息、规范)之间的各种壁垒和边界,重新规范其共同目标,然后充分发挥以上资源的作用以实现这一共同目标。档案信息数据库建设是一个多主体参与,通过信息技术使与某一特定主题关联的异构分布档案信息资源重新序化、组织,形成一个标准化的虚拟集合,为用户提供交互式集成服务的过程。在这个过程中,要实现上述目标和功能,档案信息数据库就要具有多主体协同互操作性的特点。在档案信息数据库中,所谓协同管理就是指该专题档案所涉及的各种主体对档案信息数据库的共同管理,包括采集、标引、存储和维护,都要实现异地协同互操作性,而这样必须从技术和管理两方面着手。

从技术角度上说,目前已经形成很多成熟的协同软件,协同软件是现代信息技术发展到一定阶段的产物,通过现代网络技术和通信技术,提高组织和机构人员进行跨地区的沟通与管理能力。协同软件围绕"人、信息、流程、应用"这几个要素,主要包括人员协同、知识协同、应用软件协同和工作流程协同四个部分,从而建立一个综合的沟通平台、团队协作的环境,以及应用整合和支持平台。协同技术有着完善的框架,以这些技术作为支撑,档案信息数据库所涉及的各个主体能够实时地、并发地、跨区域地、协调地对数据库的资源和系统进行操作,最终实现档案信息数据库的协同管理。

从管理角度上说,档案信息数据库与数据库、信息系统一样,都有着"三分靠技术,七分靠管理"的特点。各个档案馆、图书馆、博物馆等可以通过设置专门的部门或者增加一部分工作人员的职责的方式参与到档案信息数据库的管理中。各部门的协同管理不是在数据库运行之后才开始,而应该随着数据库的构想和设计产生。质量控制是各部门在档案信息数据库建设和使用中的主要职责之一,主要分为前期、中期和后期三个阶段的质量控制:前期质量控制主要是"专题"选择和整体方案设计;中期质量控制主要是对档案信息数据库建设具体实施的方案的控制,包括内容编排、著录和人员安排等;后期质量控制主要是对档案信息数据库运行的监督、反馈、安全管理等。

在档案信息数据库协同管理过程中,不同的管理主体在进行管理操作时,要经过权限验证和并发控制,这十分有必要。在档案信息数据库的管理中,单一主体的管理中上下级之间本身在管理权限上就是有区别的,尤其是在多主体的协同管理中,这种区别变得更多、更复杂,在同一主体内和不同主体间都存在权限区别。因此,为了让管理更加有序化,档案信息数据库应该对管理人员的权限进行统一分配。权限级别按照业务部门—分主管部门—高级主管部门依次递增,如业务部门只能访问、更新与本部门职责相关的信息并进行相应操作,而高级主管部门可以访问所有信息。权限的设置对带有密级的档案信息管理尤为重要。

档案信息数据库协同管理的主要目的是实现各个管理主体间的异

地、同步、实时操作。在多主体管理的模式中,并发操作和冲突是难以避免的,这是由于档案信息数据库的各管理主体在空间上是分散的,但在职责上很多是重合的,所以两个或多个工作人员同时对一组数据进行访问和操作是很有可能发生的。

四、档案信息数据库的功能

(一)信息检索功能

无论是早期开发的文摘索引库还是当前发展较快的全文数据库,人们对信息检索功能研究历史较长,构成该功能的软件模块技术已相对稳定和成熟,内容主要包括信息检索、结果显示及下载。在信息检索方面一般数据库都提供基本检索(或称为简单检索、快捷检索等)和高级检索(或称专业检索、复杂检索等)功能,并通过二次检索进一步缩小检索目标,获得更准确的结果。同时,支持逻辑运算、模糊(精确、前方一致)检索,提供规范化词表和索引浏览等检索方式。在检索结果的显示方面,除对命中文献提供文献题名、作者、出处、文摘或全文内容外,许多数据库还增加作者电子信箱、引文等信息。在结果显示输出方面给用户以多样化的选择,如可以选择命中最大记录数、每页显示记录数及显示字段,可通过相关库、时间等选择排序方式;对于命中记录的保存提供存盘、打印、电子邮件输出;如果是全文库还提供 PDF、HTML 等输出方式的选择。许多数据库都提供检索策略的存储和再使用等功能。从应用角度来看,信息检索功能可以满足用户的基本信息检索需求,且大多数据库信息检索功能模块已经标准化,检索界面简单直观,用户不需要经过专门培训就可以方便地使用。另外,数据库系统的"帮助"(Help)或"检索提示"(hint、tips)、"常见问题"(FAQ)等引导工具比较详细地介绍了信息检索方法,为用户掌握数据库检索要领提供了方便,这也是网络数据库能赢得高效益的重要原因之一。

(二)内容扩增功能

内容扩增功能是数据库在原有基础上增加的新功能。从传统数据库概念来看,每个数据库都有对应的文献收录范畴,即时间、地域、学科及文献类型范围,数据库收录的文献内容范围是衡量其质量的重要指标。随着各门学科的深入发展,交叉性和跨学科文献越来越多,数据库作为文献信息的动态集合体,必须打破原收录的文献范围限制,扩增其收录范围,网络技术为数据库的内容扩增提供了优越的条件。

1.多种数据信息的集成

近年来,数据库的发展表现出规模化趋势,各大数据库商一方面除了加紧对原数据的连续性和回溯性的建设,还整合一些免费资源,并不断购买其他相关数据,作为其原有内容的补充;另一方面开发跨库检索平台,使各种类型的单一数据库形成了一个相对完整的资源系统,为用户提供一定范围内最全面的文献信息,实现了较大范围的内容增值效应。目前,国外类似的数据库系统如 ISI、CSA、OVID 等,国内如中国知网(CNKI)、万方、中国高等教育文献保障系统(CALIS)、TRS、天宇等都是具有统一跨库检索平台。用户通过多个角度一次性可以获得某主题的期刊论文、学位论文、会议论文、图书等不同类型的文献信息,实现检索内容的增值。

2.二次文献和一次文献的无缝衔接

提供全文是全文数据库的主要功能,由于网络平台的支持,近年来,国际著名的文摘、索引等二次文献库也都为用户提供获取一次文献,即全文资源链接,实现了文摘到全文内容的增值。目前,越来越多的文摘、索引数据库与本单位图书馆订购的电子期刊库、联机目录系统(OPAC)、文献传递系统等都可建立无缝的全文链接,为用户获得全文信息提供方便。这是文摘、索引库人性化建设的重要方面,如 ISI、CSA 等系统,它们把二次文献和馆藏电子或纸本的一次文献、馆际互借结合起来,形成了完整的文献保障体系,为用户既提供相关主题的文摘,又提供特定的全文链接。

3.资源的整合

通过常用搜索引擎查找的相关内容很难达到学术资源质量的要求,因此,整合网络资源就成为数据库建设的重要任务。目前,数据库对网络资源的整合模式主要有两种:一是通过选择、标引网络上的学术资源,与文献数据库建立统一检索平台;二是提供相关专业搜索引擎的链接。国外大多数的数据库具有这种资源的整合功能。

4.记录的字段增多

字段的多少也是反映数据库信息量大小的重要指标,增加字段是各家数据库商开发信息平台的主要目标之一。目前,大多数数据库从增加记录的字段数来实现其内容的扩增功能。国外数据库以 ISI 系统为先导,增加了引文、被引文献等字段。国内 CNKI 系统的知识网络服务平台具有知识元链接,为读者提供更为广泛的网状知识链,从一篇文章的知识元素,如专业术语、机构及个人、动植物名称等链接可以获得其详细的解释,给读者提供更深入的信息内容,同时增加了参考文献、共引文献、引证文献、共被引文献、二级参考文献、二级引证文献、相似文献、相关研究机构、相关文献作者、相关期刊、读者推荐文献、文献分类导航、相同导师文献等十多种字段,扩大了检索范围,满足了读者的多种需要。

(三)服务拓展功能

服务拓展功能也是数据库新增功能,包括文献分析和管理、定题通报、个性化服务、个人书目管理等服务功能。通过开发数据库的服务拓展功能,使数据库产品成为一个完整、立体的服务体系。目前,许多数据库正在从单一的信息检索工具向综合的信息资源与服务体系转型,数据库在信息服务的整体环境中,逐渐显示出其服务功能的强大。

1.文献分析和管理

文献数据库是大量文献的集合,在很多情况下,读者通过检索获得的文献数可能是几百、几千个甚至上万个。这些文献表现的各种特点,可以为读者提供重要的信息,数据库系统提供的文献分析功能实际上就是对所检索的文献的特点进行各种分析。目前,最具代表性的是 ISI 系统,通过分析功能,可以对所检索文献按年代、国家或地区、作者、主题领域、语种、文献类型等进行统计分析,从而获得所检索的某一主题文献。在以上几方面表现的特征,为进一步吸收利用提供科学依据。实践证明,这是一项很好的拓展性服务功能,可以使用户很好地把握某研究领域的知名专家、权威机构及文献的语种、时间分布等特点,准确地吸收某研究领域更多的信息。虽然目前还没有其他数据库系统提供检索结果的分析功能,但它确实代表了人性化信息服务的方向。

2.定题通报服务

定题通报服务是一种由数据库系统软件自动执行的定题服务,系统根据存储的用户检索策略自动进行检索,定期将最新的相关信息发送到用户的电子邮箱,用户可以直接从邮件超链接到数据库中的有关记录,从而方便、及时地了解自己所关注的最新研究成果及动态。目前,大多数数据库具有这种服务功能,用户可以随时获得系统中给定课题、选定期刊目次的最新信息通报服务。

3.个性化定制服务

个性化定制服务是指将每个用户查找和筛选的动态结果保存下来,每次通过数据库服务网站进入个人账户之后,用户便可以找到自己关心的资源和经常使用的系统功能,为用户节省了大量的时间。

4.个人书目管理

个人书目管理可以有效地帮助用户管理检中文献信息,它将个人累次检索并选择的检中结果信息存入个人数据库,用户可以随时进行排序、增添、删除、数据导出等操作。同时,还可以按用户需求输出标准的出版格式,方便个人写作和投稿。

(四)其他功能

文献数据库功能的不断扩充与完善既是数据库开发商的利益需求,更是广大用户对信息服务业提出的要求。目前,国内外著名的数据库都以以上三大功能为开发信息平台的主要目标,且不同数据库还有其他一些附加功能。

第三节 档案信息数据库的逻辑设计、物理设计和功能设计

一、档案信息数据库的逻辑设计

系统对信息数据的管理,借鉴文档管理知识,结合档案信息数据库系统的特点,概括为专题库下的分类型知识条目管理。系统根据需求分析结果建立八个固有专题库和内建分类体系,每个专题库中存储该专题所对应的非结构化文档和结构化数据。

档案信息数据库系统在逻辑结构上由数据库系统、目录服务系统、信息系统及网关系统有效集成。对系统总体逻辑设计的各组成部分逐项说明如下:

(一)数据库系统

档案信息数据库系统主要由资源平台、业务平台、资源获取模块、统一资源存储模块构成。

资源平台模块又包含了专题库管理、分类管理、知识条目管理、信息统计、信息检索、知识浏览六个子系统。

业务平台模块又包含了信息采集、信息上报、信息统计管理、档案入库等子系统。

资源获取模块包含了档案数字化系统、数据交换系统、数据录入系统和数据校对系统这四个子系统。档案数字化系统是纸质档案要进入数据库的数字化加工环节,数据交换系统则主要支持外部电子政务系统的信息交换,数据录入系统则是多种数据来源提供的不同结构化程度的信息进入数据库的入口,数据校对系统是保证信息准确性的重要保障。

统一资源存储模块又包含了知识文档资料存储和业务操作数据存储

两个子系统,知识文档资料存储于知识库或文档库中,包括文档管理、文档元数据管理、文档关系管理;业务操作数据存储于数据库中,包括数据管理、数据元数据管理。

(二)目录服务系统

一个目录服务是信息仓库、存取法和相关服务的组合。信息仓库通常是用于存储位置信息和其他有关资源(如用户、打印机、文件服务器和应用服务器)的详细信息数据库。存取法是指轻量级目录访问协议(LDAP)或其他可用来与目录服务组件进行通信的存取法。相关服务是指目录服务提供的用于查询、操纵和认证数据库中信息的设施。

使用目录服务可以一次定义用于所有应用程序的用户和组,而无须为每个应用程序分别定义用户和组。目录服务对于安全性的实现很有帮助,即通过认证用户控制对资源的访问。目录服务可以很好地解决不同的软件产品(如应用服务器、Web 服务器和操作系统)重复定义相同的用户和组,这是因为这些软件产品不共享安全性数据。

数据库系统提供对目录服务系统的支持,可以与现有 Active Directory 等目录服务系统紧密集成,提供统一资源目录和用户权限的管理,便于对数据库进行统一的用户权限管理。系统的设计和实现同时提供独立的用户/权限管理功能模块,在不需要借助外部目录服务系统的情况下,可以使用系统内独立的用户/权限管理功能模块。

业务平台的信息资源目录体系建设可以采用元数据技术,遵循相关标准,对共享信息资源特征进行描述,以形成统一规范的目录内容。并按照易于理解、分类清晰的原则,形成物理分散、逻辑集中的以主题和部门类别为主的多级档案信息资源目录框架。

目录服务系统提供了用户目录和统一资源目录,在此基础上,完成系统的统一授权管理。用户授权管理可以实现针对不同角色的用户提供对统一的档案信息资源目录灵活授权的策略,从而实现统一的分级分类授权等一系列管理。

用户访问门户网站时,通过授权访问接口来确定该用户被授权的所有可访问资源。

(三)消息系统

档案信息数据库系统除了提供门户的集成方式,供用户基于 Web 访问外,针对用户的业务应用,还提供了通过短消息的移动客户端接入功能。系统在移动客户端接入的基础上提供更加快捷的消息通知方式,并通过接收和处理短消息,提供一定的移动应用功能。借助系统内部或外部的消息系统,基于即时通信平台、短信服务平台及邮件服务平台等,提供即时消息、短消息和邮件传递等功能。建立本系统范围内的电子邮件和网络通信系统,使机构内部通信与信息交流快捷流畅,并且与 Internet 邮件互通。

1.即时通信平台

以 Web 方式向在线用户和非在线用户发送信息。在线用户会在瞬间收到提示,不在线用户在登录时会得到提示。

2.短信服务平台

系统支持短消息应用,用户可以通过手机接收短消息和向系统发送短消息。与短信平台的接口通过 MAS 机或 Web Service 完成。可向指定手机号码发送短消息,可接收用户通过手机发送到系统配置接入号码的短消息。

3.邮件服务平台

系统支持邮件应用,用户可以使用电子邮箱接收信息。基于 Web 的邮件系统,可用于内部、外部,每个账号自动带一个电子信箱,可以接收、发送、回复电子邮件及超文本邮件;用户可建立树状的邮箱目录;可结合通信录来选择邮件地址,实现单发或者群发邮件;提供邮件搜索功能;可以把其他的邮件账号集成到系统中。

依据平台选择,有多种可选接口方式。在 Windows 平台下,可以利用服务器间的集成进行部署和配置完成。在 Java 平台下,可以利用 Java

Mail 等技术完成。通过与邮件系统的发送邮件接口向指定的电子邮箱发送电子邮件。

(四)网关系统

网关是外部网络和内部网络之间的守护者设备。它既可以作为过滤器,防止未授权的用户进入内部网络,又可以作为代理服务器,保护内部网络节点的安全。安全网关也提供隧道模式手段,用于隐藏内部网络间的地址,使内部网络中的节点可使用非法或未注册的 IP 地址与公共网络通信。安全网关通过公共网络为保护的节点协商 IPSec SAs,并提供硬件加密/解密服务。总之,安全网关快速、平滑、透明地实现内部网络对外部网络的安全访问,使网络外部不能看到内部,以提供内部网络的安全性。

网关系统通过防火墙或互联网安全产品,从网络层面到站点资源访问层面等各个层面进行必要的过滤,进一步保证系统边界的安全。

防火墙在网络网关服务器上运作,在内部网(信息网)与外部公共网络(共用网)之间建立起一个安全网关,阻止对信息资源的非法访问,并强制所有的连接都必须经过此保护层(或隔离层),在此进行检查和连接。防火墙可以被认为是一种访问控制技术(或机制),用来在不安全的公共网络环境下实现局部网络的安全性。它通常置于一个私有的、有确认的网络和互联网之间,主要负责检查网络入口点通过的信息,根据一定的规则,对通过它的数据流进行监测、控制,以保护私有网络资源免遭其他网络使用者的擅用或入侵,保证内部网络的安全。防火墙采用的基本技术主要有以下几个方面:

1.数据包过滤技术

数据包过滤技术指系统按照一定的信息过滤规则,对进出内部网络的信息进行限制,允许授权信息通过,而拒绝非授权信息通过。数据包过滤防火墙处在网络层和逻辑链路之间,截获所有流经的数据包,从其 IP 头、传输层协议头,以及应用层协议数据中获取过滤所需的相关信息,然后依次按顺序与事先设定的访问控制规则进行一一匹配比较,执行其相关的动作。在系统内部设置了访问控制表,用来作为进行选择过滤的逻辑依据。通过对数据包包头信息中的源 IP 地址、目标 IP 地址、TCP/UDP 源端口号、目标 TCP/UDP 端口号的检查,来确定该数据包是否合法,以决定是否允许它通过。

这种防火墙具有成本低、易安装、透明性好、运行效率高等优点,但不具备身份认证功能,安全性较低,同时要制定一套合适的过滤规则也很困难。

2.代理服务技术

代理服务技术指运行在防火墙主机上的一些特定应用程序或服务器程序。对于每种网络应用服务都有相应的代理程序提供服务。这种技术在应用层上实现。当远程用户要与一个应用网关的网络进行连接时,应用网关会阻塞此远程连接,然后对连接请求的各个域进行检查。如果该连接请求符合预定的规则,网关便会在远程主机和内部主机之间建立一个"桥"。可以根据应用的不同在"桥"上面设置相应的过滤规则。

这种基于软件的防火墙将内部网络与外部网络完全隔离开来,安全性较高,能提供用户级的身份认证、日志记录和账号管理;能对应用协议命令进行控制和过滤;能自动实现内部地址的隐藏。但是,由于对每一个用户发出的请求都需要创建客户代理进程和服务器代理进程,将消耗大量 CPU 资源和内存资源。另外,当客户请求较多时,防火墙的效率会急剧下降,对网络性能影响较大。由于每一个数据包都要经历网络层、传输层及应用层才能进行处理,因此系统吞吐量低,时延较长。而且,对每个服务都需要一个对应的代理服务,对用户来说透明性较差。

3.动态防火墙技术

这种技术可创建动态的规则,使其适应不断改变的网络业务量。根据用户的不同要求(应用、协议、网络地址、端口、通话状态、方向等),规则能被修改并接受或拒绝条件。这种通信技术它可分辨通信是初始请求,还是对请求的回应,即是不是新的会话通信,以实现"单向规则",即在过滤规则中只允许一个方向上的通信。在该方向上的初始通信(请求)被允许和记录后,其连接的另一方向的通信(回应)也将被允许,这样不必在过滤规则中为其回应考虑,极大地减少了过滤规则的数量和复杂性。同时,它还为协议和服务的过滤提供了理想的解决方案,能很好地实现"只允许内部访问外部"的策略,使内部网络更安全。从外部看,在没有合法的通信时,除规则允许外部访问的所有内部主机端口外,其他端口及非保留端口都是关闭的,只有当其访问外部某主机的某端口时,才对该外部主机的该端口开放,并且当连接结束时,也随之关闭。而从内部看,除规则明确拒绝外,所有外部资源都是开放的,并且它还为一些针对 TCP 的攻击提供了在过滤器上进行防御的手段。

在非法软件(病毒、木马程序、黑客、蠕虫、间谍软件等)的传播途径中,基于 Web 的传播方式是最为流行、最为广泛的一种。因此针对 HTTP/HTTPS 认证协议传输内容的 Web 非法软件扫描功能,可以阻止病毒、木马程序、黑客、间谍软件等非法软件通过 HTTP/HTTPS 协议来实现传播,提高系统网络的整体安全性。

HTTPS 是 HTTP 和 SSL 协议的组合。SSL(安全套接字层)是一个网络安全协议,它用来提供服务器和客户机之间必要的安全性。如果选择 HTTP,认证数据的接收无任何保护;如果选择 HTTPS,认证数据在每个 SSL 协议中加密,包括用户名和密码,即服务器端和客户端所传送的所有数据都是加密传送的;如果要使用证书认证,那么必须使用 HTTPS。

网络入侵保护主要基于两方面实施保护:一方面,根据特定的网络数据包特征码,判定网络入侵或者漏洞注入行为并进行相应的阻止;另一方面,对于常见的协议,检查协议通信是否符合标准。

二、档案信息数据库的物理设计

档案信息数据库系统物理设计充分支持体现"系统网络化应用"和

"信息安全性"。

(一)系统网络化应用

数据库系统在逻辑上划分为几个部分,分别在不同的计算机上运行,这些计算机既可以在局域网内,也可以在内联网上。采用这样的数据库系统,在结构设计时,应注意将应用逻辑从用户界面中分离出来,形成不同的模块。

联防联控机构可以通过外部网络(Extranet)或虚拟专用网络 VPN 访问档案信息数据库系统。总之,通过网络将各方从物理上连接起来,实现信息远程服务与业务协同交互。

(二)信息安全性

简单地说,安全性就是确定谁可以访问重要的系统资源,这些资源包括文件、目录、程序、连接和数据库。系统的物理设计提供对数据库的安全性支持,包括身份认证登录和权限管理、数据存取权限管理、网络访问管理、Web 安全管理、终端监控管理等。

1. 系统安全性需求

包括用户登录安全设置、系统人员角色/安全级别定义及系统监控三个方面。

(1)用户登录安全设置

在系统客户端登录验证中,通过用户名、密码、验证码进行验证,在数据库中对用户的密码进行加密。采用的验证码是随机产生的,为了防止暴力破解而内含加密机制。

(2)系统人员角色/安全级别定义

对系统的所有使用人员在系统设置中定义其角色和安全级别,角色分得越细,安全性就越高。对于系统中的信息,可通过各种方式设定读取和查看所对应的人员角色/安全级别,并可在相当范围内进行权限的细分,从而使系统中所有的操作都在严格的控制下。

(3)系统监控

提供强大的数据库日志功能,对关键信息的操作进行监控,帮助系统管理人员跟踪、分析、调试办公自动化系统。

2. 系统的安全设计

档案信息数据库的安全设计分为安全管理体系、物理安全体系及应用与数据安全体系三个部分。

（1）安全管理体系

安全管理体系包括：安全防护和安全管理。前者是对物理环境采取必要的措施，例如，数据库系统和互联网的物理隔离，在工位上提供连接不同网络的多个信息点。后者是对工作人员、系统安全信息的组织和管理，是实现网络系统安全的管理手段。据统计，大部分的信息安全事故是由于安全管理不善引起的，所以应该充分重视系统的安全管理工作，构建统一的安全管理体制，通过建设集中统一的安全管理制度，加强安全防范意识，实现对整个安全体系的综合管理。安全管理也包括对系统中各种运行日志的手工安全审计，这也是事后发现系统漏洞、非法入侵者的重要方法。

（2）物理安全体系

物理安全体系包括：涉密信息网络建设和数据库定期全量备份。前者是根据知识信息内容和应用服务类型有选择地进行建设，后者是对数据库进行定期全量备份，在系统遭受破坏时进行恢复。在具体实施时，可以根据经费情况，选择适当的备份策略。

（3）应用与数据安全体系

应用和数据安全体系包括：数字签名、加密体系、认证登录和授权体系、存取权限控制、网络和计算机系统安全、网络访问管理、Web 安全管理、安全监控体系及安全审计等。

①数字签名。所谓数字签名是指在信息通信过程中，发送方对要传送的信息加上自己的电子签名。这一技术能够保证发送方事后不能否认自己的签名，同时接收方也无法伪造发送方的签名。数字签名是确保信息来自发出信息的人，以防止信息被仿冒和篡改。数字签名是对传统文件手写签名的模拟，能够实现用户对电子文件或电子形式消息的辨认和

验证。这是以数据加密技术为基础和前提的。所谓数据加密技术，就是对信息进行重新编码，从而达到隐藏信息内容，使非法用户无法获取信息真实内容的一种技术手段。其目的是防止信息被未经授权而泄露、窜改和破坏。数据加密过程由各种加密算法来具体实施，它以较小的代价换来较大的安全保护。根据密钥的特点，加密算法可分为对称密钥加密系统和非对称密钥加密系统。前者是发送方和接收方使用相同的密钥，即加密运算和解密运算是相同的。这种算法的不足之处是双方都使用同样的密钥，这就存在发送者或接收者单方面泄露密码的可能。此外，每对用户每次使用对称式算法都需要使用其他人不知道的唯一钥匙，以保证信息的机密性。这就使得密钥的数量呈几何级数增长。为克服对称密钥系统的这些弱点，又引进了非对称密钥系统。非对称密钥系统的主要特点就是加密和解密使用不同的密钥，每个用户保存一对密钥：公钥（SK）和私钥（PK）。公钥（SK）可以公开，用作加密密钥；私钥（PK）则需要用户自己保存，用作解密密钥。其优点是可以适应网络的开放性要求，且相对于对称加密密钥管理要简单得多，尤其可以方便地实现数字签名和认证。但非对称密钥算法相对复杂，加密数据的速率较低。因密钥越长，其加解密所耗的时间也越长，所以效率不是很高。目前，比较流行的非对称密钥算法是椭圆曲线算法（ECC）。这种密码体制的诱人之处是在安全性相当或同等的前提下，可使用较短的密钥。即该算法所需的密钥长度要比RSA 方法短得多，这就有效解决了 RSA 方法为增强保密强度而必须提高密钥长度带来实现上的难度问题。它是建立在一个不同于大整数分解及素域乘法群而广泛为人们所接受的离散对数问题的数学难题之上。同时，椭圆曲线资源丰富，同一个有限域上存在大量不同的椭圆曲线，这为安全性增加了额外的保证，也为软件、硬件实现带来了方便。可以说，从长远看 ECC 必将取代 RSA。ECC 属于公钥密码体制，便于密钥管理，可以方便、快捷地实现数字签名。

　　②加密体系。所谓加密体系就是对系统中的涉密信息提供传输加密、摘要、密钥的安全导出和导入（利用公钥技术）等密码服务，建立传输

加密、接收解密体系和功能。信息加密的目的是保护网内的数据、文件、口令的控制信息,保护网上传输的数据。加密技术通过信息的变换或编码,将机密的敏感信息变换为难以读懂的乱码型信息,以达到保护数据安全的目的。

③认证登录和授权体系。所谓认证登录和授权体系,就是将身份认证登录和权限管理结合起来,实现对系统的访问控制。例如,使用"Active Directory"活动目录提供统一的身份认证和权限管理。

存取权限控制是对数据存取权限进行管理,保证只有授权人员才能执行特殊操作。例如,使用存取控制表(ACL)来保护资源。

④网络和计算机系统安全。网络和计算机系统安全是以防火墙技术、网络入侵检测技术、主机漏洞扫描、病毒防御、网络防窜改等为依托,实现对安全事件在网络层、系统层、应用层等的基本安全防御功能。

第一,防火墙。防火墙是解决网络的边界安全问题,实现网络访问控制的有效解决方法。设备采用硬件和软件结合的方式,是一个或一组软硬件系统,用于两个或多个网络间加强访问控制。使用不同的技术策略可构成不同的类型,其基本类型有网络层防火墙、应用层防火墙和链路层防火墙,能够满足用户的不同需要。

根据防火墙的构成结构,它可以分成双主机防火墙、主机屏蔽防火墙和子网屏蔽防火墙三种,双主机防火墙使用的是两张独立的网卡,主机屏蔽防火墙和子网屏蔽防火墙是把路由器和代理服务器结合使用。

第二,入侵检测。入侵检测是指对来自信息系统外部的入侵威胁进行实时检测,是对计算机和网络资源的恶意使用行为进行识别和响应处理过程。它可以帮助系统应对网络攻击,扩展系统管理人员的安全管理能力,提高信息安全基础结构的完整性。按入侵检测的策略来划分,可以分为基于异常统计和模式匹配两种类型。模式匹配类型建立在已知的入侵特征库基础上。而异常统计则建立在已知的系统正常工作模式基础上,异常统计模型包括两个方面:一是为用户和系统建立正常行为特征,二是观察系统和用户的实际活动与所建立的正常行为是否存在差异。模式匹配和异常统计两类模型具有互补性,异常特征模型能够精确地检测已知的入侵活动,误警率低。而对于一个确定的应用环境,异常统计模型会拥有一个比较精确的系统正常工作模式,从而发现一切偏离正常模式的活动,包括一些未知的入侵活动。

按入侵检测的手段来划分,入侵检测模型可以分为两种:一是基于网络的模型通过实时监视网络上的数据流,来寻找具有攻击特征的数据包;二是基于系统的模型则通过分析系统的审计数据来发现可疑的活动。这两种模型也具有互补性,基于网络的模型能够客观地反映网络活动,特别是能够监视到系统审计的盲区;基于系统的模型能够更加精确地监视系统中的各种活动。基于网络的模型受网络结构的限制,而基于系统的模型不受网络结构的影响。入侵检测必须实时执行。

网络是动态变化的,入侵者会不断利用所发现的各种安全漏洞,采用新的方式、方法进行攻击。所以应该不断跟踪分析各种非法入侵的行为和手法,研究网络和系统的安全漏洞,这体现在安全检测产品上就是入侵特征库及安全漏洞库,也是评价一个安全检测产品的一个重要因素。

第三,漏洞检测。网络系统的入侵者首先通过寻找系统中的安全漏洞来寻找入侵点。漏洞检测的主要目的是先于入侵者发现系统的漏洞并及时进行弥补,从而提高系统的安全性。检测可以在网络层、操作系统层、数据库层、应用系统层多个层面上进行,可能是一些系统自身的漏洞,也可能是一些管理、配置上的漏洞。漏洞检测的原理主要是通过查找安全漏洞库及采用一些模拟攻击的方法来发现漏洞,所以评价一个漏洞检测产品的好坏有一个很重要的因素就是安全漏洞库的大小。因为网络是动态变化的,所以漏洞检测应该定期执行在网络结构发生了变化、主机上新安装了软件等之后的漏洞检测。

第四,病毒防御。病毒和非法入侵同样是对网络系统的动态威胁。计算机网络病毒往往在毫不知情的情况下悄悄入侵计算机系统,采用适当的措施防治病毒,也是减少和避免档案信息文档损坏,提高网络安全的重要措施。除了要安装可靠性高的防火墙,经常更新杀毒软件,预防病毒入侵外,还要制定严格的规章制度,从各个方面入手进行防范,如限制共享目录及读写权限的使用,将服务器上某些可执行文件的属性设为禁止,对重要的系统盘和数据盘经常进行备份和定期检查软硬件系统等。针对病毒的危害主要的解决方法有两种:一是针对被感染的系统进行病毒扫描和检测清除,二是对正在传输的文件和信息进行病毒检测。为了进行病毒防护,可以使用因特网网关防毒软件和内部网络防毒软件。

第五,网络访问管理。基于防火墙技术,有效地对网络传输进行过滤。通过分组过滤和伪装,监视网络内外通信,阻止网络黑客访问某个网络,起到对内部网络的保护作用。它既可以阻止外界对信息的非法访问,也可以阻止机密信息和专利信息等重要信息从网上被非法窃取。

第六,Web 安全管理。通过 Forefront TMG,实现对 Web 访问内容进行过滤,对恶意软件进行过滤等。

第七,安全监控体系。以流量控制、终端监控管理(含非法外联管理、防病毒等)为主要监控对象,实现对网络安全的实时监控,及时发现不安全的迹象和行为。同时,加强对终端的非法外联、非认证主机的非法接入等行为进行监测与审计,确保应用系统处于安全状态。

第八,安全审计。以旁路侦听方式对网络数据流进行采集、分析和识别,实时监视网络系统的运行状态,记录网络事件,及时发现安全隐患。同时,加强对终端设备的非法外联、非认证主机的非法接入等行为进行监测与审计,确保该应用系统处于安全状态。

三、档案信息数据库的功能设计

(一)专题库、主题分类、知识条目管理

1. 专题库管理

专题库管理是对既有数据库以外的,在实际业务中产生的,对已有数据库的信息进行统一管理的设置,起着补充更新的作用。专题库管理的功能有新建专题库、修改专题库、删除专题库和专题库访问设置等。

管理人员可以通过新建专题库界面提供专题库名称,专题库(可选)

和专题库描述信息,系统检查专题库名称有效(在同级专题库不能同名),通过验证从逻辑上创建专题库,生成专题库资源 ID(标识)和 URI(统一资源定位符)。

管理人员指定待删除的专题库。如果专题库内已经存在其他子专题库、分类和条目,则提示用户是否级联删除。得到用户确认后,删除指定专题库。系统固有的专题库不允许删除。

管理人员可以编辑修改专题库的名称、子专题库和专题库描述信息,系统检查专题库名称有效性(在同级专题库不能同名),验证子专题库有效性,通过验证从逻辑上修改专题库信息。

管理人员可以进行专题库访问设置,设置能够访问指定专题库的机构、部门,借助权限模块,系统根据用户指定的专题库,确定资源 ID,生成相应的资源访问控制说明项目。

新建、删除或修改专题库,对专题库访问设置,都借助日志管理模块生成相应的日志记录。

形成新建、删除或修改专题库的日志记录。

2. 主题分类管理

管理人员可以通过新建主题分类界面提供主题分类名称、主题分类的上位主题分类(可多个)和分类描述信息,系统检查主题分类名称的有效性(唯一主题分类名称),通过验证的,创建主题分类,生成主题分类描述符;在存储主题分类时,存储主题分类和上位主题分类的类属关系。

管理人员可以指定待删除的主题分类。如果在主题分类中已经存在指定主题的下位主题分类,或者数据库中已经存在标注为该主题分类的知识条目,给出提示信息并建议用户不要删除。得到用户删除确认后,将主题分类的所有下位主题分类向上移动一级,即所有下位主题分类的上位主题分类修改为删除主题分类的上位分类(如果待删除主题分类无上位主题分类,则置空),通过索引反向查找标定为待删除主题分类的知识文档,将这些文档的主题分类转变为待删除主题分类的上位主题分类(如果待删除主题分类无上位主题分类,则置空),删除指定分类。主题分类的删除功能使用频度低。

管理人员可以修改指定主题分类的分类名称、主题分类的上位主题分类(可多个)和分类描述信息,系统自动检测主题分类名称的有效性(主题分类名称是唯一的),通过验证后的信息,系统将主题分类信息的形式加以保存。

形成创建、删除和修改分类的日志记录。

3.知识条目管理

(1)档案数字化

档案数字化是随着计算机技术、扫描技术、OCR 技术、数字摄影(录音、录像)技术、数据库技术、多媒体技术、存储技术的发展而产生的一种新型档案信息形态,它把各种载体的档案资源转化为数字化的档案信息,以数字化的形式存储,以网络化的形式互相连接,利用计算机系统进行管理,形成一个有序结构的档案信息数据库,及时提供利用,实现资源共享。档案数字化还能有效地保护档案原件。数字化档案能代替原件使用,并能恢复档案材料模糊褪色的字迹,对污损残缺照片档案进行修复。而且数字化档案副本异地保存,以及输出缩微胶片永久保存,可以在突发紧急情况下最大限度地保持档案的完整性。

在信息处理中,除可以获取的数字化数据外,还存在大量纸质文档,对这些纸质档案的数字化,是加强系统对业务文档归档和信息管理的重要手段。

参照纸质档案数字化技术规范,业务管理操作规程,采用基于扫描接口和工作流组件,实现对现存纸质档案进行扫描、校验,二校验后进入阶段库的协同工作方式。

阶段库是存储完成档案数字化扫描的图像文档的数据存储区域和管理机制。阶段库中的扫描图像类型文档可以进一步通过数据录入系统在协同办公平台数据库中完成入库。

对于重要性不同,再利用不同的文档资源可以采取不同的入库策略。扫描图档进一步完成入库时,系统提供以下两种方案。

一种是系统提供的扫描图档存储和 OCR 全文检索字段自动抽取方案。该方案将扫描图档入库存储,由系统自动根据 OCR 结果对按词进行全文检索。这种方案的优点在于既能够保证扫描图档还原纸质样式的效果,还可以提供根据内容进行全文检索的功能,缺点在于用户调阅的电子文档为图片格式,不利于进一步的再利用。

另一种是系统提供的带有版面识别的 OCR 光学字符识别信息入库方案。该方案借助 OCR 版面识别和校对 API,提供对扫描图档的深度加工,在人机协作下,将纸介质样式还原到 DOC、PDF 格式文件中,即入库前已经由图档转换为包含文字和版面信息的常见电子文件格式。该方案的优点在于既能够保证还原纸质样式,也便于再利用,缺点是数字化过程复杂,效率低,准确性低。

(2)数据录入

数据按结构化程度基本上可以分为结构化、半结构化和非结构化数据,分别指示了系统对外部数据表达的信息和信息模式的认知程度。对系统而言,从外部获取的数据大都不是结构化数据,要通过系统对数据的整理和转换实现前述系统需求中的数据向半结构化和结构化数据转换。结构化数据主要有从关系型数据库管理系统获取的数据;半结构化数据主要有通过电子政务交换服务得到的公文数据,其特点是基于 XML 格式的数据文档,以 XML 语言表达的信息和信息模式一并出现,在半结构化数据信息模式可预知的情况下,可以实现在系统内到结构化数据的转换;非结构化数据主要有大量无标准化结构定义的文本型数据、声音、图片和视频等。

文档格式标准化处理是将多种数据源得到的不同类型的文件格式和数据格式进行标准化,最终得到标准的文件格式和数据格式。所有数据均提供相应的元数据管理。

针对提取结构化数据、外部交换数据、导入文件、图片和音频、视频格式,分别制定标准格式。

①提取结构化数据。提取结构化数据是指从外部 RDBMS(关系型

数据库管理系统)提取的结构化数据,针对特定类型的数据,在系统的数据库设计和部署中有与之对应的关系模式(表结构)及表空间,用以表达结构化数据的模式和存储特定的结构化数据。对应数据的元数据集中存储于元数据库中,并建立元数据与数据的链接关系。

②外部交换数据。外部交换数据因其自描述性普遍具有较好的内容结构,属于半结构化数据。所谓半结构化数据,就是介于完全结构化数据(如关系型数据库、面向对象数据库中的数据)和完全无结构的数据(如声音、图像文件等)之间的一种数据形式。

它一般是自描述的,数据的结构和内容同时在一起。由于 XML 文件可以自定义数据内容,并可以通过 DTD、Schema 等辅助文件来定义 XML 数据模式,校验其所包含数据的类型和层次。这样在使用 XML 文件作为不同形式数据转换的中间格式时,我们可以保证数据的有效性。

档案信息数据库保留此类文档的原文件内容,并与相应元数据进行打包封装,使之成为系统标准电子文档。基于外部交换数据的内容结构,系统提供元数据提取的映射机制,可以通过映射规则的配置和使用,实现部分元数据的自动提取。

另外,这部分数据也可以在有需要的时候通过映射等机制转换为结构化数据并存储在本系统的关系型数据库中,用于进一步的分析。

③导入文件。目前,主要包括图片文件、音视频文件等几类来源的文档格式转化,导入文件一般结构性差,通常包括文本、数值和图像等多项内容,有的还具备重要的显示格式等。系统保留此类文档的原文件内容,并与相应元数据进行打包封装,使之成为本系统的标准电子文档。

需要说明的是,对于需要通过 OCR 技术提取文本信息以提供全文检索支持的扫描图档,也归类为导入文件。

④图片文件。图片文件资源以 JPEG 标准格式转存,在损失少量信息的同时可以获取较高压缩比,有助于节省存储空间和降低网络带宽。对应数据的元数据须集中存储于元数据库中,并建立元数据与数据之间的相应链接关系。如果用户对录入的图片文件格式不满足系统要求,系

统可在客户端提供格式转换界面,实现格式转换功能。

⑤音频视频文件。按照电子文档管理的标准,音频采用 MP3 或 WAV 存储,视频采用 MPG 或 AVI 存储。在本项目的建设要求下,音频采用 MP3 格式,视频格式采用 MPEG 4 格式。这两种格式既能保证音质和清晰度,又具备较高的压缩比,这样不仅能节省存储空间,还能降低网络带宽。对应数据的元数据应集中存储在元数据库中,并建立元数据与数据之间的相应链接。用户录入的音视频文件格式如果不能满足系统的要求,系统应在客户端提供格式转换界面,实现格式转换功能。

在系统可以预计到的数据中有相当大的比例是导入文件型数据。如前所述,系统中的数据均使用著录系统的功能,通过自动获取、映射和手工录入结合的操作方式,形成原始数据的元数据,遵循按元数据管理的原则。导入文件型数据和外部交换数据与其他几类数据在元数据的存储方面有所不同,导入文件型数据和外部交换数据与元数据打包封装存储。

对系统中多种类型的导入文件型电子文档的元数据打包封装存储,是参照工业标准进行设计的。

档案信息数据库借鉴国内外电子文件和元数据的分离和封装设计思路,参照相关标准和实现,设计本系统的数据封装规范,使规范尽可能与标准统一,使各种类型的电子文件交换纳入标准化、规范化体系,既做到满足目前系统对信息协同办公平台系统基础信息数据库的管理需求,又能够为系统与外部电子政务系统的各种类型的电子文件交换提供可参考的规范和实践基础。

目前在开放文档数据格式方面,有三大数据标准可供参考:一是 Open Document Format(ODF,办公应用程序开放文档格式);二是 Office Open XML(OOXML);三是国内提出的"中文办公软件文档格式规范"(Unified Office document Format,UOP,中文简称为标文通)。另外,我国在电子文件的封装方面也提出了标准征求意见稿。

其中 ODF 在国际上被较多国家政府选为技术标准,并且提供了 Java 和 C♯的开发工具 ODFDOM 和 AODL(An Open Document Library)。

ODF 在开放性方面所做的大量工作得到世界范围内的认可。UOF 是我国推出的推荐性标准,使用基于 XML 的内容和格式表达以及文件存储。ODF 和 OOXML 标准均采用了 XML＋ZIP 的技术,即通过 XML 技术保存文档的文本信息、格式信息和元数据,通过流保存文档中的图形等其他类型对象,并通过 ZIP 技术封装上述资源形成压缩文件。相比而言,ODF/OOXML 标准在数据的编码、数据和其他信息的分离,以及存储空间需求等方面具有明显的优势。

综合比较各种标准的特点和应用现状,以及在开发方面提供的技术和支持,系统基于 OOXML 及 PDF 技术的文档格式作为主要的标准化文档格式,另外兼顾 JPEG、MP3、MP4 等重要媒体格式。

数据录入系统的设计,在很大程度上能够适应非结构化、半结构化和结构化数据的录入,采用统一的元数据管理机制,从而满足信息化建设的需求,有助于充分利用现有资源,整合现有资源到数据库系统中。

（3）著录

著录模块是对文档内容和形式特征进行描述的功能模块。数据库文档采集员录入文档后,文档管理模块通过工作流引擎通知著录人员对文档进行著录。著录人员也可以选择知识文档并启动著录过程。

用户选择的文档,系统检查该文档的内容类别,从而选取适当的文档类型元数据模板并创建相应的元数据实例,系统自动提取部分信息填入元数据实例,例如,文件名称和文件大小等。用户在此基础上补充和修正元数据内容,并提交著录元数据。用户提交元数据时,系统保存元数据内容到文档库中,存储文档和元数据的关联关系;将元数据索引化,生成相应的索引。

（4）数据校对

系统提供以开放式词库管理为核心的文字校对引擎,提供人工校对界面和校对以实现对上下文的有效管理,提供基于工作流引擎的校对业务流程管理。校对系统能够充分利用现有基础信息数据库内的语料和用户向词库添加的词条持续扩展开放式词库,通过开放式词库增加自动辅助校对的准确性：系统对校对上下文、校对环境和校对结果进行有效的管理，使得三个校次有延续性和可对比性；系统基于工作流引擎的校对业务流程能够更好地将传统人工校对中的"三校"，合理迁移到高效的计算机平台上，并保证职责清晰和权限明确的特点。

对于 OCR 字符识别（尤其是 OCR 版面还原）的纸质文档数字化，基于 OCR 校对 API，系统还提供校对 OCR 文字和校对版面的功能。

（5）文档关系管理

档案信息数据库系统还以元数据管理的手段实现了文档关系的管理。

系统中采集、存储和管理的档案信息存在各种各样的关系和联系。然而很多良好的应用系统忽略了这些重要的文档关系，导致对有相互联系的文档使用出现一定的困难。

文档关系管理系统完成对文档数据之间的上述各类关系联系的抽象、存储和使用。用户可以在录入数据后，对文档之间的关系进行指定。除可以指定系统提供的几种预设关系外，用户还可以根据自己的需求创建新的关系类型定义。

在信息检索系统和其他业务应用系统等众多系统中，借助文档关系管理系统中管理的文档关系，可以为用户提供更多相联系文档的简单提示，也可以基于这些关系更方便地完成相关文档的查看和比对等操作。

（6）审核

对于通过审核的档案信息数据库文档创建入库，系统逻辑上分配该文档到联防联控数据库相应的专题库，创建 URI。

对于通过审核的档案信息数据库文档进行更新，系统逻辑上删除原版本文档在相应专题库中的知识条目，替换为更新的版本知识文档，维持原 URI。

（7）信息检索

基于著录工作和索引化得到的索引，提供分类检索、主题词检索等基于元数据的检索方式；基于全文索引提供全文检索方式；对应本系统的需求,提供专题检索、元数据检索、条件检索和多媒体检索等检索方式。系统还提供其他检索方式和检索特性。

系统自动检测著录得到元数据,并将元数据索引化,生成由描述信息定位原文档的必备信息。例如,通过计算机自动著录和人工著录得到文档的元数据,针对元数据中的分类、主题词,系统将生成分类或主题词到该文档的索引,这样在信息检索中,用户指定的分类或主题词将借助索引,检索到该文档。

系统基于全文索引引擎,完成切词和索引化,生成文档中的词语到该文档的索引,这样在信息检索时,用户指定的文本将借助索引,检索到该文档。

专题检索是数据库系统面向专题的检索方式。专题检索也基于元数据的索引化完成,在数据库条目入库时,系统能够根据用户使用的功能操作以及用户设定的信息,检测并正确存储知识条目到相应的专题库中,同时形成相应的元数据项,该元数据索引化后,得到专题名到该文档的索引,支持后续专题检索。

元数据检索将基于内容类型,自动提供元数据模板中更加全面的可检索项。前述众多检索方式实际上是元数据检索的特例和简单运用。

对应于系统内的结构化数据,基于对文档元数据的结构化管理和其他统计信息,系统提供条件查询,能够支持常见的关系和逻辑运算,从而支持条件检索。基于索引的检索是通过反向定位信息完成检索;条件检索是综合元数据和关系型数据库,提供更加全面和灵活的检索依据。

多媒体检索是基于用户对多媒体信息的描述和计算机自动著录的多媒体元数据,同时借助文档关联,得到多媒体数据相关联的主文档(一般多媒体数据多以附件形式存在),这样对多媒体的检索命中率更高,检索多媒体的检索条件将更加灵活。

通过组合使用分类检索、标引检索和全文检索,系统提供直观的检索条件设置界面,根据用户选择的检索项目和原则,形成复杂的检索条件,并对检索结果进行有效地聚合,对搜索范围和搜索条件进行更加细致的限定。

　　档案信息数据库系统可以将搜索条件的设置保存为个性化搜索,方便用户快速地使用一些个人常用搜索。这样避免了用户在搜索中心的使用中,每次都要进行搜索分类、条件和范围等的设置,极大地提高了用户的办公效率。

　　档案信息数据库系统除按照前述元数据、分类、标引和全文检索机制提供多种检索方式和途径外,还应考虑发起信息检索的使用者的权限级别问题。通过对检索会话的用户识别和权限级别判定,有效地对搜索结果进行过滤,从而保证数据的安全访问。

　　另外,档案信息数据库系统能根据不同的条件和不同信息类型设置搜索范围和搜索方式,如对于项目的搜索和对于部门文档的搜索选项和结果就有不同的搜索范围、搜索方式和搜索结果。

(二)档案信息采集、数据上传、信息分析管理

1. 档案信息采集

档案信息采集分为自动采集和手动采集。

　　自动采集是指系统通过数据库接口或者其他 Web Service,按照档案业务系统连接有关数据信息,以及一定时间间隔,从对象业务系统中获取相关增量数据。然后由档案业务系统导入增量数据到相应数据分类中,并形成详细的自动采集日志。

　　当档案业务系统检测到自动采集到的档案记录数据有误时,档案业务系统会提供半自动采集界面,用户可在该界面上借助查询筛选出其所申报数据记录的类属并填入该指定待导入数据条目,然后档案业务系统导入用户指定的数据条目形成导入日志。自动采集可以完成自动导入日常业务数据到本系统中的功能。

　　手动采集可以用于未采用外部系统进行业务数据管理的通道,提供单条录入和批量导入的录入方法。手动采集是指系统提供用户操作界面,通过表单录入各类信息数据,系统生成相应的 ID 数据记录并加以保存的过程,这个过程也可以通过导入指定格式的文件来登记监测数据,上

传文件后,系统临时保存该文件并解析文档,为用户提供解析结果,用户验证无误后正式提交,提交的数据信息与前述表单提交数据一样,生成唯一监测 ID 并保存该数据记录。手动采集也可以用于突发紧急情况下的信息采集。

2.数据上传

数据上传是在传统上传工作方法基础之上形成的信息化手段。数据上传具有信息上传和信息反馈的功能,既能对各种信息提供上传支持,也具有通知功能的信息反馈,这极大节约了传统档案上传手段中人员通信和访问反馈的时间,提高了档案信息上传的效率。

数据上传主要分为档案信息上传、档案信息反馈和档案信息上传汇总三个模块。档案信息上传模块支持通过表单进行档案数据化上传和一般的档案文档上传,这样就能全面支持档案上传信息,既能支持对数据化档案等信息的上传,也能支持一般报告等的文档上传信息反馈模块,提供对档案上传信息核查后的反馈功能,基于信息接收者对档案上传信息的评定和意见,为信息上传人员提供反馈通知。

档案信息上传中,用户可以指定档案上传接收机构部门,可以指定直接上级或非直接上级机构部门,从而支持档案逐级上传和灵活地跨级别上传。

档案信息上传人员提交上传数据或上传文档时,档案信息上传模块检查上传接收机构和上传信息主题分类的有效性,并将相关数据存储于关系型数据库或文档库中,为档案数据记录和文档分配资源 ID,形成URI(统一资源定位符),形成相应的上传资源记录项,并在资源访问控制列表中,建立资源访问控制描述项目,描述上传发送机构和接收机构对该上传数据或文档的可访问性。完成资源的存储和资源访问描述项设置后,信息上传模块使用工作流引擎产生通知,通知上传接收机构有上传数据或文档送达。最后,向信息上传人员返回信息,描述信息已经上传。

数据上传接收机构的信息上传员可以接收到前述上传数据或文档送达的通知,得到通知后,可以查看该上传数据或文档,并对上传内容进行评定或提出意见,提交反馈。反馈提交后,将信息反馈存储于上传资源记录项中,通过工作流引擎向上传内容发送单位发出信息反馈通知,通知上传内容已经得到反馈。

数据上传接收单位的信息上传员可以使用上传模块的上传汇总功能核实下级上传数据,对于结构化数据还可以提供内容汇总。数据上传汇总模块按照用户指定的时间期限日、周或月和信息分类,统计时间跨度内的机构上传数据,结合机构,形成下级机构上传数据统计结果。对于结构化数据,对筛选所得上传记录的数值字段汇总。

通过档案信息上传与机构部门管理的接口,获取所有上级机构部门。得到指定机构或部门的所有直接上级和间接上级机构部门,用于支持档案信息上传功能中对上传信息接收机构部门的指定。

3. 信息分析管理

信息分析管理包括信息类型分析、信息类型确认、信息评估报告等步骤。

信息类型分析是将档案数据加以分析,从档案信息资料的专业领域特点进行的信息类型划分。

信息类型确认,将档案信息资料加以分析和归类后,还应从流程上加以确认。

信息评估报告是根据模板技术生成相应的档案信息资料评估报告,并生成相应的资源以及 ID 和 URI,以便用户访问。

信息分析管理按照分类和时间,创建信息分类和信息评估报告数据和文档,一般存储于关系型数据库和文档库。

(三)归档管理和文档安全

1. 归档管理

档案信息数据库系统提供自动归档和手工归档的途径。自动归档针对监测数据和通报,手工归档针对通报。

监测数据属于结构化数据,在超过一定时限(如一年)时,系统将监测数据转入数据仓库。在操作型数据存储中删除原数据,逻辑上标记数据记录在历史档案库中,标记记录已归档。系统提供归档时限的设置,并按周期性(一般按天)执行自动归档任务。

对档案文档的归档,系统检查通报的发送时间和通过的归档时限,满足条件的,将通报转存到历史档案库。归档人员也可以手动强制对有关档案信息进行归档。

归档后的记录和文档,只有归档人员才能够检索和查看。

2.文档安全

档案信息数据库系统中的信息既有上传下达的指令与命令,又有不同人员的个人信息。因此,在传送和保存中要有严格的安全机制做保证。

数字签名用来证明信息产生者的合法身份和签名后的信息是否被更改。数字签名可以解决否认、伪造、窜改及冒充等问题,即发送者事后不能否认自己的签名、接受者能够核实发送者的签名、接收者不能伪造发送者的签名、接收者不能对传送的信息进行部分窜改、网络中的某一用户不能冒充另一用户作为发送者或接收者。数字签名实际上也是一种加密,其核心技术就是数据加密技术。一般采用公开密钥算法进行签名,最近又有新的加密方法使用,即椭圆曲线加密方法。

私人密钥加密保证信息传输和到达后只有指定的人员才能看到。

存取权限控制从数据库、文档乃至区段字段级的加密,只有有存取权限的人员才能阅读或修改相应的内容。

档案信息数据库系统的存取权限控制基于 ACL(控制列表)实现。在使用访问控制列表保护资源的基本过程中与安全性相关的概念包括用户、组、资源、许可权、领域和存取控制表,这些安全性概念是紧密相关的。

用户:一个可被 Web 服务器认证的身份,可以是人也可以是计算机;组:用户的集合,它提供了一个管理大量用户的有效方法,这是因为管理人员可一次指定一个组的许可权;资源:通过 Web 服务器进行存取的有价值资源包括 HTML 文件和目录(Web 页面)、其他文件和目录(如 FTP 文件)、Web 应用程序(Java Servlet 或 CGI 程序);许可权:表示请求访问资源的特权,管理人员可通过建立存取控制表向用户和组授予许可权,以保护资源,它是与特定的资源相关的;领域:用户、组和存取控制表的数据库,为了使用户能访问领域中的资源,必须在该领域中定义需访问资源的用户,一个用户可以属于几个领域,但在同一领域中用户标识符不能重复;存取控制表:与资源关联的存取控制表指定了领域中的哪些用户和组可以访问资源。

存取控制表、领域和资源的关系包括:一个领域可以包含许多 ACL,一个领域可以包含许多资源,一个 ACL 可以仅属于一个领域,一个资源可以仅属于一个领域,一个资源仅与一个 ACL 相关,一个 ACL 可与许多资源相关。

可通过为每个资源在单个领域中建立单个 ACL 来保护该资源。ACL 将指定可以访问或修改资源的用户或组。对于要保护的每个资源,需要指定 ACL、安全性领域、认证方案(用来验证访问资源的用户的方法)。

档案信息数据库专题库下的知识文档的存取权限无配置时,继承专题库的存取权限配置。系统的专题库无配置权限时,系统认定为允许访问。系统的固有库建立缺省的存取权限配置项,不属于专题库下的文档和数据。按照资源对待,核实存取权限,无相应配置项时,对外不可访问。

第四节 档案信息数据库核心业务流程设计

一、档案信息数据库的采集业务设计

(一)普通档案信息的采集流程

普通档案采集业务的流程大致如下:

第一,文档采集员启动基础知识积累采集业务流程,向条目管理请求。

第二,档案文档管理子系统收到请求后,暂存知识条目,并借助工作流程管理引擎向审核人员发送通知,通知审核人员对该知识文档进行审核;再向文档采集员发送通知,通知文档采集员知识条目已提交等待审核。

第三,审核人员提交对文档的审核通过或不通过审核结果,文档管理子系统保存知识条目,并借助工作流管理引擎通知文档采集员审核结果。

第四,工作流管理引擎向校对人员发送通知,通知校对人员对文档进行校对,向著录人员发送通知,通知著录人员对文档进行著录。

第五,校对人员对文档完成校对,必要情况下保存校正后的文档。

第六,著录人员对文档完成著录,完成知识积累采集业务流程。

(二)特殊档案信息采集的流程

特殊档案的信息采集流程大致如下:

第一,特殊档案的信息采集业务流程的启动方式有自动同步、人工导入和监测登记三种方式。

第二,自动同步方式的档案信息采集业务,由资源平台在工作流管理下自动调度任务,外部档案提供者通过系统添加业务数据,然后再由资源平台择取适当的档案数据存储进来,最后生成该档案导入报告。

第三,人工导入方式的特殊档案信息采集业务,由特定人员在系统中发起档案数据的查询或申报,数据平台作为代理;数据平台可进一步向资源平台系统查询业务数据,并将返回的结果显示给申报用户;申报用户指定要导入的档案数据要求资源平台导入。平台存储用户指定导入的档案数据,并形成档案导入报告,以供用户查看。

第四,档案信息采集业务,可由档案信息采集人员通过表单提交档案信息数据(单条提交或批量导入),平台存储申报信息并向用户返回操作结果。

二、档案信息数据库的知识管理业务设计

(一)专题库管理

采用分库条目式管理方式。分库用于对专题库的管理,即按照机构、功能等业务特性人为划分数据库单元。作为数据库分库,既要借助关系

型数据库有效地支持结构化数据,也要借助文档库良好支持非结构化数据。借助元数据管理手段有效地描述结构化数据和非结构化数据,采取必要手段管理知识信息的相互关联。

分库可以关联多种内容类型。内容类型可以约定一致的元数据模板、文档模板和工作流等相关特征。

分库下可以建立知识信息条目;提供条目的增加、删除和修改功能;支持分库的维护,从逻辑上支持划分分库专题库。允许新建、修改和删除分库。在分库下可以建立子库。提供对分库操作的权限管理,为不同的联防联控机构开放相应的分库或子库。

(二)知识入库及更新

数据库中的文档创建,可以基于文档模板,创建基于模板的知识文档,也可以不借助文档模板,直接提交文档到数据库。

对数据库中创建的文档,可以通过引入校对环节提高文档内容的准确性。对数据库中的文档进行著录,可以更完整地描述知识文档的内容和特征,对自动词条索引和全文检索的应用有极大补充作用。

数据库中的文档对外公开是受审核管理约束的,因此知识入库和知识更新都要接受审核管理,文档通过审核后,用户才能查看创建的文档和被更新的文档。

(三)知识检索

知识检索通常指文本信息检索,其核心是文本信息的索引和检索。在档案管理领域,检索是存储和查找档案信息的过程;索引是指明档案或目录的某种特征,以一定次序编排并注明相应出处的档案检索工具;标引是对档案内容进行主题分析,赋予检索标识的过程。在进行信息检索时,通过提供一个或多个检索项与检索内容,检索系统会通过索引查找档案。例如,常用的主题词检索、标题检索等。

实际上,所有"标引项"都可以作为检索依据。在这些检索方式中,掌握主题词规律和掌握档案的内容特征的程度直接决定检索的实际效果。

在计算机信息检索领域内,全文检索技术越来越受到重视并得到广泛应用。全文检索技术是一种重要的关键词检索方法。所谓全文检索，就是给定一个字符串或字符串逻辑表达式，对文档库进行相应的检索，查找与指定表达式相匹配的文档，并将包含这些文字信息的文档作为检索结果返回给用户。全文检索技术分为两种：一种是根据检索表达式直接在原文档中匹配查找，这种方式适合对小型文档库的检索；另一种是对文档预先建立索引，检索时对索引进行检索，这种方式适合对大容量的文档库的检索，如互联网上的文档检索。全文检索技术包含两方面的核心问题：一方面是如何建立和维护索引库；另一方面是如何提供快速有效的检索机制。面向网络的全文检索系统所处理的对象是海量数据，要实现对它们快速有效的全文检索，主要需要从三方面进行考虑：一是检索的快速响应；二是索引库的建立与维护；三是索引数据的压缩。

全文检索系统是按照全文检索理论建立起来的，用于提供全文检索服务的软件系统，是计算机程序通过扫描文档中的每一个词，对每一个词建立一个索引，指明该词在文档中出现的次数和位置。当用户查询时，根据已建立的索引查找，类似于通过字典的检索字表查字的过程。

实际上，各级机构在工作中要大量频繁地调阅档案等信息资源，系统提供的信息检索性能的优劣直接影响着档案信息资源利用的效率和水平。系统遵循元数据管理的电子档案科学管理方法，充分发挥元数据在信息资源描述和概括方面的重要作用，并且扩展和实现灵活的元数据著录模板机制。通过自动化和人机结合的元数据著录，对信息资源的主题、标题等关键特征加以描述，还可以针对特定类型的信息灵活地进行更多信息的描述。著录所得到的元数据，通过标引可以提供丰富的检索标识。此外，充分利用计算机全文检索的优点，将信息资源进行全文索引，提供按词寻文的便利性。信息之间的关联性在系统的信息检索中也得到了充分的考虑，系统还支持相关联信息的检索，使得对信息的提取更有益于相关信息的调阅和使用。

综合使用上述各种信息检索方法和特性，系统提供灵活、复杂的组合式信息检索方法，通过信息资源的各种特征加以检索，极大地提高了检索的效能,提高了工作人员的办公效率。

检索的工具是索引,系统提供基于元数据的索引管理,得益于著录系统,尤其是信息采集方案规划中第二阶段对信息的可管理性全面提升后,检索结果中可以提供详细和有价值的著录项目。系统提供三种基本信息检索方式,分别为分类检索、标引检索(含标题、主题词和其他标引项检索)和全文检索。其中分类检索可以与标引检索或全文检索综合使用,也可以单独使用。系统提供高级检索,来组合使用上述三种基本信息检索方式。

1.基于元数据的索引管理

文档元数据适合使用 XML 技术来实现,便于系统在元数据管理方面提供更加灵活的管理,提高元数据可扩展性。同时,元数据作为对信息资源的描述,其中包含重要的检索标识。这些检索标识说明了文档的特征,如果以一定的合理次序编排并注明相应出处,则可以作为检索的工具,这就是索引的基本特征。

系统提供可配置的元数据创建索引方式,即在用户界面上通过复选的形式,允许用户配置对哪些元数据的数据项进行索引,被选择为检索标识的数据项由系统生成索引,加速检索过程。

2.分类检索

档案信息数据库支持对数据进行分类检索。在数据信息录入系统下人机结合完成分类标引的先期工作基础上,系统支持对简单或组合的分类检索。如果独立使用分类检索,则系统给出属于指定分类的资源列表:如果和其他检索方式综合使用,则分类可以缩小检索范围,从而满足更加具体的查询要求。这样的设计可以为办公人员在日常工作中的大量检索操作节省时间,提高工作效率。

3.标引检索

(1)标题检索

标题检索便于用户在大致清楚信息资源的情况下,对信息资源进行标题的模糊查询。

（2）主题词检索

主题词检索是借助较正式的主题词表，让用户选择（或输入）一组主题词后进行的检索。系统提供主题词表的管理功能，标引人员在主题标引时，应尽可能使用正规的主题词，必要时，也可以对主题词表进行扩展。

（3）其他索引项检索

系统提供的可定制式标引管理，有助于形成更多检索依据。系统允许建立适当的标引体系，当用户检索时，可以适当地标引体系。用户还可以自由选择简单或组合的检索标识作为检索依据，例如，报告人检索、日期检索、刊号检索等。

与分类检索一样，系统允许保存其标引检索的偏好，具备同样的优点。

（4）全文检索

索引是用来从索引词定位内容出处或信息资源的方法，在档案管理中一般用于定位对应文献和档案，在系统的全文索引应用中用于定位对应文档。目前，实现方法主要有倒排文件索引、签名文件索引和位图索引。倒排文件索引是从书目索引中受到启发而派生出来的，是一种面向单词的索引机制，它是目前应用最广泛的全文索引模型。但与其他方法相比，在空间效率方面存在倒排文件增长过快的缺点，相关统计研究表明倒排文件的存储空间可能是原文档的 $50\%\sim300\%$。

中文的词语和英文的单词有着较大的不同，中文用词一般都是多字词，词与词之间不像英文以空格符号间隔。因此全文检索对原文档进行分词，并以切分得到的词为索引对原文档做词级索引，保证了索引更有意义，保证了搜索的效果，也避免了倒排文件不必要的过快增长。

因此，要提供全文检索，首先要有原文档的文本信息（因为系统录入的信息来源丰富，类型各异，因此要对各类文档的文本信息的提取）。其次要有好的分词工具（例如，好的分词工具可以切分出数量适中、语义全面的分词集合）。最后要通过高效的索引和检索机制将分词索引化并提供按词检索。

(四)知识归档

对知识分门别类,按照用户指定的存储位置,完成历史性资料的标准格式档案存储管理。目前,主要用于对通报信息按照年份和专题进行归档。

知识归档提供自动归档和手动归档方式。

知识归档提供知识分类的归档位置和归档时效配置功能。配置的归档位置可以指定专题库位置,配置的归档时效指定知识文档自创建到自动归档的时间跨度,系统自动归档模块会检查文档的该分类知识文档,满足自动归档条件的,将文档以标准化归档格式存储于用户配置的归档位置中。

(五)知识联系

知识联系,主要体现在知识文档间的内容意义上的相互关系。

通过知识树模型引擎,基于知识分类,自动管理知识间的联系。知识树模型按照知识的分类设置及分类的类属层次关系,自动构建知识树。在著录过程或系统自动分类时形成的知识分类,使得经过良好描述的知识文档能够在系统中得到很好的梳理,更好地体现系统管理知识的知识结构,也便于用户更方便地按照主题去访问相关的知识文档。

除了基于知识主题分类的知识树模型外,系统还提供知识目录等多种知识文档间相关联的管理。知识目录主要是由用户将系统中的知识文档进行目录结构组织,便于用户进行知识文档的集成,提供用户习惯的目录浏览方式。

档案信息数据库还提供参考、引用等人工指定的联系类型。在知识文档的管理中,通过指定参考文档、引用文档,系统也能够基于这样的知识联系,提供与该知识文档相关联的其他知识文档。

三、档案信息数据库的信息共享业务设计

档案信息共享业务由信息索取人员或信息提供人员启动。

档案信息索取人员向信息索引索取共享信息,资源平台定位信息,档

案信息定位成功后则返回相应的信息条目,否则,返回错误说明(一种常见的错误就是资源平台无法定位索取人员所期望的信息,例如,资源平台共享库中没有该信息)。信息索取者可以向资源平台发送申请共享信息的请求,资源平台接收到共享申请后,通知审核人员对共享申请进行审核。审核人员完成共享申请的审核后,对通过审核的申请,平台进一步向共享信息发布人员发送通知,共享信息发布人员接到通知后发布特定信息。信息发布人员在数据库平台中检索的该信息如果仍不存在,可以要求信息提供人员提供信息,收到信息后再由共享信息发布人员负责发布到共享库。

档案信息提供人员也可以主动要求信息共享。由档案信息提供人员向平台提供信息并发出共享申请,数据库平台收到共享申请后,通知审核人员,审核人员对共享申请以及待共享的档案文档内容进行审核后,给出审核结果。平台依据审核结果发出通知,当审核通过时,通知档案共享信息发布人员发布共享信息,未通过的档案信息则不予以发布共享。平台共享结果要通知档案信息提供人员。

第六章 档案信息化管理的创新探索

第一节 多载体档案统筹管理

一、档案目录信息统筹管理

无论是电子的还是纸质的档案,无论是手工管理还是采用计算机实行自动化管理,整理、分类和编目始终都是档案工作的重要组成部分,档案目录是各级各类档案馆提供档案服务利用的基础信息,也是实现档案检索和提供档案利用的重要依据。

馆藏的传统载体档案中,手写档案目录是最常见的方式,而新归档的各类档案会形成各种机读档案目录,或以 Excel、Access、Word 的形式,或以关系型数据库格式存储的数字形式的目录信息,为了方便档案利用者,档案馆必须对已有馆藏和以后归档的所有档案的目录信息进行整合,按来源原则或信息分类方式分别进行整理、分类与合并处理,形成能够覆盖各类档案资源的目录信息,并采用档案管理信息系统对档案目录信息实行统一管理,实现目录信息的资源共享和统筹管理。要避免长期以来一些档案馆的做法:数字化档案采用管理信息系统进行管理,纸质档案采用手工翻本的方式进行检索。在档案馆实施信息化过程中,目录信息的数字化也是很重要的一项任务,不能由于工作量大、过去没有录入就让它继续成为历史遗留问题。①

档案目录信息统筹管理的另外一个含义是案卷目录和卷内文件目录

---

① 刘亚静.档案管理信息化与自动化探索[M].天津:天津科学技术出版社,2018.

的关联管理,即尽可能将卷内文件目录也实行计算机化管理,并与其对应的案卷目录进行关联。当检索到案卷目录,就可以方便地浏览其卷内文件目录,提高检索的准确度;当检索到卷内文件目录时,也能够很快地定位它所对应的案卷目录及其所在的库房存址,以方便调卷。

当然,由于档案馆人、财、物等资源的限制,档案信息化工作也是一个循序渐进的过程,不可能做到一蹴而就,因此需要根据业务工作需要的紧迫程度,首先解决重要问题。有些档案馆在信息化实施一开始,注重新接收档案的目录建设和全文管理,而将原有馆藏档案的目录和实物数字化作为二期工程来实施。实力较强的档案馆则将两项工作并行开展,以加快档案数字化处理和信息化利用的效率。无论采取哪种策略和方式,档案信息化最终的效果是将档案馆的档案全部实行信息化统筹管理,既方便档案工作者,又方便档案利用人员,更能为未来档案资源的社会化服务与信息共享奠定坚实基础。

二、档案目录全文一体化管理

档案全文,一方面是指馆藏档案内容的数字化信息,如缩微胶片、照片以及纸质档案数字化形成的静态图像文件,磁带、录像带等经过模数转化后形成的声音、图像等多媒体文件;另一方面是指各机构使用计算机和办公自动化系统等产生的电子文件归档后形成的数字化档案信息。这些全文信息是档案的内容实体,与档案目录信息相比较,档案全文能够提供更详细、更完整和更准确的内容和信息。

数字化信息最大的特点是利用的方便性和检索的快捷性,档案馆花费大量的时间、人力、物力和财力开展馆藏档案数字化和接收电子文件进馆的主要目的是方便利用,对于使用频繁的历史档案而言,也起到保护档案的目的。

实行目录全文一体化管理是信息化管理中比较有效的一种方式,其工作原理是首先在档案目录中进行检索,缩小范围,然后再检索全文,以便准确定位查档目标。通常采取的方式是,将档案目录信息采取关系型数据库管理系统实行统一管理,将扫描后的图像文件和新接收的电子文件档案以文档对象或文件形式存储在文件服务器或者内容服务器上,并通过一定的访问规则将档案目录信息与这些文件对象进行关联。在检索到档案目录信息时,就可以浏览和检索全文。如果在信息系统中,还需要按照系统设定的用户对目录和全文的浏览、检索权限进行处理。

实施"目录全文关联归档",要求档案工作者要转变传统的工作方法,从档案利用者的需求出发,分析档案被利用的范围和特点,遵循档案管理的原则和标准,对部门形成的数字化档案实行即时归档,将"目录全文关联归档"的思想贯穿电子档案形成的全过程。档案馆的工作人员也要充分利用现代化管理手段,通过网络开展指导、鉴定、归档与管理工作,将工作重点转移到分析档案利用者的需求、开发档案资源的编研与开发、监控电子文件的形成过程,将工作模式从"被动接收"转变为"主动挑选",将真正有价值的、值得保存的电子文件转化为未来社会需要参考和利用的档案资源。

三、档案工作的"双轨制"

"双轨制"是指在文件形成处理、归档、保存、利用等过程中,纸质文件和电子文件二者同时存在,两种载体的文件同步随办公业务流程运转,同步进行归档、同步进入归档后的档案保管过程。

实行双轨制的机构,在文件进入运转程序时就以电子和纸质两种载体并存,业务人员要对同样内容的两类文件进行并行办理。由此看来,"双轨制"的核心是从文件的产生开始就以两种载体形式记录各项社会活动的信息。这些记录中有保存价值的将作为档案进入归档阶段,将纸质和电子的记录同时移交到档案馆。实行这种从头至尾的彻底双套做法是各行各业信息化应用的初级阶段,特别是在《中华人民共和国电子签名法》发布之前,电子文件的法律效力无法认可,电子文件的安全性、真实性和完整性很难得到保障。2004 年 8 月 28 日《中华人民共和国电子签名法》经全国人大审议通过,2005 年 4 月 1 日正式生效,2015 年 5 月 24 日第一次修订,2019 年 4 月 23 日第二次修订。有了法律保护,电子签名具有与手写签字或盖章同等的法律效力,电子文件与书面文书一样具有同等法律效力。从此,借助网络环境、数字签名、身份认证等技术,确保电子文件从产生、审批、流转、会签、归档等各个过程的原始、完整、有效和可读,实现无纸化办公,成为 21 世纪人们追求高效率和科学化、规范化、自动化管理的现实需求。在这种形式下,是否还需要在文件的运转过程中实行"双轨制"成为大家关注的焦点和热点问题,也是学者们研究的重点。

就网络、电子环境本身而言,尽管他们存在先天的"不安全"和"淘汰快"等缺点,但每一种新的服务器、存储器、数据资源管理系统的出现都会兼容老的版本或者出台新的数据转换或迁移方法,目的是确保原来的电子数据不失效或可读。

彻底的"双轨制"需要投入很多人力、财力、物力,在电子文件形成过程的管理上也很复杂。因此,很多单位采取了"双套归档"的做法,一种是将办公自动化系统中属于归档范围的电子文件在归档前,制作纸质拷贝,归档时将二者同时移交到档案馆;另外一种则是对纸质的文件进行数字化扫描和文字识别处理,形成纸质档案的电子拷贝。这样,保存的电子文件可以方便网络化利用,纸质文件则主要用作永久保存,有些单位则采用缩微技术,实现档案的缩微化保存。这些做法不可避免地会增加档案馆接收档案和管理档案的复杂性,提高档案管理和保存的成本,但这依然是 21 世纪档案工作的主流方式。随着时间的推移,档案馆保存的纸质档案和电子档案的比例将会逐渐发生变化,但纸质档案将会在相当长的一段时间内成为馆藏的主要成分。

第二节 文件档案一体化管理

一、文档一体化管理思路

文档一体化强调电子文件全过程管理的连续性和信息记录的完整

性,目的是确保有保存价值的电子文件,自生成开始到生命周期活动过程结束的全过程,信息能够获得完全的记载和一致的保存。文档一体化管理的思路体现在以下几个方面:

(一)管理过程的互动性

文档一体化最重要的特点是将现行业务系统的工作与档案工作实现互动与交叉。一方面使档案工作者从文件生成之日起就能够开展鉴定、归档及归档后的管理,通过前端参与和过程控制,加强为社会积累财富的执行力;另一方面也使得开展现行业务活动的工作人员增强了对档案的认知程度,不仅要认识到,只有将有价值的文件完整归档并移交给档案部门进行保管才能算相应的工作真正结束,同时还要意识到,在开展现行业务系统的过程中,要责任明确、注意积累,记录电子文件活动全过程中所有重要的和有价值的信息,确保电子文件的真实性和完整性。管理过程的互动性加强了多方人员工作中的交流与沟通,对形成和积累有价值的、完整的、真实记载社会活动记录的电子档案具有非常重要的社会意义。①

(二)应用系统的统一性

文档一体化管理模式的实现是文件和档案共同依赖统一的管理信息系统,并运行于同构的网络、服务器、数据库管理平台,采取相同的数据、文件存储格式,不同的是管理文件与档案工作人员对信息系统的操作权限有所不同。在文件的生成、处理、会签、审批等各业务工作处理阶段,业务工作人员拥有对文件的增加、修改、删除等权限,而档案工作者只有查看、浏览的权限。在文件结束其现行期业务工作之后,进入归档阶段时,由电子文件的归档整理人员进行筛选、整理,而档案工作者则开始履行电子文件的鉴定职能和归档前的指导工作。在电子文件归档形成电子档案后,档案工作者则需要开展电子档案的保管,并为档案形成单位和社会提供档案的服务。应用系统的统一性使得从文件到档案的转变过程中,不再需要数据转换和迁移,保持了文件信息的真实性和完整性,同时也降低

---

① 党跃武,曾雪梅,陈征,等.基于信息组织技术的档案资源开发[M].成都:四川大学出版社,2016.

了工作人员使用信息系统的复杂性,减少了使用过程中的错误的发生率。

(三)工作流程的集成性

在传统的文件管理过程中,文件的形成、归档和作为档案保管与提供利用等环节,都将文件生命周期清楚地划分为三个相对独立的过程,即现行期、半现行期和非现行期,并通过现行业务工作部门、机构档案室和档案馆三个物理位置不同的部门分别完成各自的工作。而文档一体化则将文件、档案的管理流程实现了集成,要求在一个统一的系统内,有统一的控制中心、统一的工作制度、统一的且各有特点又互相衔接的工作程序,将档案著录、鉴定、保存和管理等工作贯穿文件的形成、流转、会签、批准或签发、整理、鉴定、归档、移交、保存或销毁等各个环节,实现各个过程中工作流程的集成和信息的共享,而且能够根据不同的文件与处理要求定义特定的工作流程,实现流程的优化和个性化处理,提高了工作效率,降低了档案接收和保管的复杂性,避免了信息的多次录入和产生不一致信息的可能性。

(四)业务处理的自动性

文档一体化是在充分信任的网络、计算机和信息系统的数字环境下开展工作,采用信息技术和基于工作流程管理理念实现的自动化信息系统,不仅提高了工作效率,而且降低了错误发生的概率。同时,在一些业务处理环节增加了系统自动处理技术,如电子文件版本信息的自动跟踪、电子文件处理过程中的责任链信息的记录、基于管理规则实现的电子档案的自动标引等,都极大提高了业务处理工作的自动化程度,减少了人工操作的复杂程度。由于这些自动化的处理过程是通过系统进行身份认证之后自动生成并保存记载的,因而在很大程度上提高了电子文件整个生命周期活动中信息记载的真实性和完整性。

(五)归档工作的及时性

通过对文档一体化应用系统的广泛使用,档案工作者能够随时对归档范围内的、已经完成现行期使命的文件实行鉴定、整理、归档和提供利用等工作。一旦电子文件的形成机构确认该文件已经结束现行期的历史使命,就完全能够实现即时归档、即时鉴定,避免以往通行的隔年归档中存在的各种问题,如丢失、泄密、滞后等。

(六)安全管理的有效性

文档一体化,一方面使电子文件归档过程变得简单、快捷,自动化程度高;另一方面使人们对电子档案原始文件与档案目录数据实现了同步管理,最大限度地减少了人工的干预,不仅提高了归档工作的效率,更重要的是极大增强了归档过程的规范性和安全性。至于网络和信息系统带来的安全风险,是能够通过采取各种现代技术手段进行控制的。事实上,据权威机构统计,70%的信息安全事件来自管理上的漏洞,采用自动化手段执法比靠人工执法的安全性要高。特别是在《中华人民共和国电子签名法》颁布实施后,电子签名、数字证书、身份认证等一些安全措施和技术手段的采用,也将极大增强电子文件和电子档案安全管理的有效性。

二、文档一体化实现方法

(一)文档一体化系统业务流程

文档管理的实际办公过程比较复杂,有保存价值的电子文件经过整理、鉴定、审核、移交、归档到档案部门管理后,形成电子档案。

(二)文档一体化系统功能结构

通常情况下,文档一体化管理信息系统的功能包括收文管理、发文管理、归档管理、档案管理等。这几个模块相互关联,内部信息集成化共享。

1. 收文管理

以电子文件的形式处理和记载上级公文、平级来文,用户可根据公文的登记日期、急缓程度、当前流转状态等过程信息快速有效地找到相关文件并进行相应的操作,主要包括收文登记、收文流转、文件催办、流程监控、文件发布等过程。

2. 发文管理

发文管理是处理并转发内部制定的或外来的文件。电子文件起草后,均需逐级通过各主办与会签部门人员的审批和修改,最后提交领导签发,形成正式的公文,然后登记、归档。主要包括发文起草、发文流转、文件催办、流程监控、发布等主要工作。

3.归档管理

电子文件的归档大多采用两种方式：一是通过机构内部局域网的电子公文传输系统从网上实现自动归档，系统通过归档环节后，电子文件的管理权就移交给档案管理部门，成为电子档案。此时，其他业务人员能够按照系统授予的权限查询电子档案，但不可以修改。二是各立卷部门在向档案馆移交纸质档案的同时，上交电子载体存储的各种信息，如磁盘、光盘等。

4.档案管理

根据国家版本的电子档案归档与管理的相关标准，执行档案的移交、接收、审核、保存、管理、查询、统计以及提供服务利用等工作，档案形成机构可根据档案的信息类别或档案来源建立相应的档案信息资源库，并可根据归档年度、归档部门或档案实体分类等建立快速检索机制，方便借阅和提供利用。

(三)电子文件网络化归档的真实性保障方法

整个过程包括电子文件归档产生的数字化档案信息的形成、归档、管理和利用四个重要阶段，每个阶段都需要采取各种策略和方法保障档案信息的真实性。

三、文档一体化深化应用的要求

(一)提高认识、统一思想是文档一体化管理的基本要求

文档一体化的实质是将机构各部门相对分散独立的文件与档案统一为一个有机的整体进行管理。这不仅能够加强档案部门对文件管理的超前控制，保证档案的质量，而且能够实现文档数据的一次输入，多次利用，减少重复劳动，节约人力、财力、物力和时间。然而，要想真正实现文档一体化管理，对档案工作者而言，特别是档案部门的领导，必须对文档一体化管理理念有一个全面、客观、科学的认识，并达成共识，充分认识到一体化管理的真正受益者是档案工作者自身；认识到新形势下文档一体化的必要性和紧迫性；认识到这是时代赋予当今档案工作者的使命，只有这样才能够顺利推行文档一体化管理，加强自觉性，使他们面对困难，不逃避、

不退缩,勇于接受新鲜事物,逐步实施和应用文档一体化管理模式来开展各项业务。

(二)加强电子文件管理的标准化与规范化

文档一体化管理,使电子文件与电子档案之间的关系更加密切,把二者放在一个综合的管理系统中,作为前后衔接、相互影响的子系统,统一地组织和控制整个文件生命周期的全过程。由于文件管理与档案管理的这种前后相承的关系,文件管理直接关系到档案管理的存在和发展,只有文件管理做到标准化、规范化,档案管理才能够顺利地展开。如果文件管理无章可循、紊乱不堪,可以想象档案管理各环节也会陷入忙乱无序的状态,这也会影响综合管理信息系统整体功能的效用。

(三)加强培训和继续教育,提升档案工作者的综合素质

文档一体化管理要求档案工作者不仅具有档案学基础理论知识及专业知识,还必须掌握现代信息技术,熟练运用计算机及现代通信设备来操作网络化管理信息系统,要求档案工作者不断调整自己的知识结构,提高技能,加强综合素质的培养。如果不熟悉计算机、不懂网络知识,根本无法接受文档一体化管理思路,更无法开展电子档案的管理工作,也不可能参与电子文件管理的全过程。

第三节　档案资源多元化利用

一、档案资源的社会化利用

在信息社会和知识型社会迅速发展的 21 世纪,在档案信息化建设与发展的众多方面,无论是技术手段,还是信息资源的有效积累和广泛利用,都必将以档案信息资源的整合、集成、共享、利用作为出发点和落脚点,以传承人类文明、共享信息资源,实现社会的可持续健康发展。

(一)档案资源的知识化积累

档案的形成(鉴定、收集、整理与归档)是从个体知识到组织知识,再到社会知识转换的文化积累、动态跟踪的历史记载过程,档案的开发与利

用(编研、开放、发布与利用)是人类传承文明、创新发展的过程。这两个相互衔接、彼此推动的过程循环往复、推陈出新,构成了人类社会的知识化主动增长和社会化相适应的档案资源不断丰富的过程模型。这表明了档案文化通过"传承—积累—发展—传承"这样一种类似于文化加工厂的生产工序,随人类自身的繁衍而形成民族文化生生不息、无始无终的传承环链。

(二)档案资源的共享化利用

社会信息化使档案信息资源面临着一个全新的生存环境与发展空间。档案应该记载"人类生活的方方面面",档案工作者要"创造一个反映普通百姓生活喜好、需求的全新的文献材料世界",档案馆藏是反映"人类生活的广阔领地"。因此,档案资源唯有回归社会,得到最大限度的利用,才能体现档案保管的价值和作用。事实告诉我们,实现档案信息资源的集成化管理和共享化利用是档案贴近公众、服务社会的最佳解决方案。[①]

要实现档案信息资源的共享化利用,必须在档案基础数据库的建设上下功夫。因此,研究档案基础数据库的元数据标准集、数字化档案信息的格式规范以及档案基础数据库的建设思路和方法、各类结构化和非结构化档案数据的组织、存储和检索利用的关键技术、整合方案、提供检索服务和共享利用的有效机制等,将成为当前档案馆信息化建设重要的基础性工作。

(三)档案信息服务机制变革

随着全国各行各业信息化进程的加快,档案馆信息化应用也逐渐走向更广、更深的领域。档案信息服务将不再拘泥于传统的、单一的方式,将会有所创新,趋向多元化发展。

1.服务方式由被动向主动转变

要改变传统的被动服务方式,积极主动地开展档案信息服务。长期以来,在档案信息利用上,总是遵循一种传统的服务方式——"等客上

---

① 何永明.浅谈大数据背景下高校档案信息资源的开发与利用[J].兰台内外,2017(02):27—28.

门"。这实质上与信息社会的发展极不协调,不利于档案信息价值的体现与发挥,封闭了档案信息表现价值的众多途径。而档案信息服务方式也必须考虑到档案的特性,"送货上门"也是不行的,不符合《中华人民共和国档案法》的基本要求。档案信息的主动服务方式应该是"请客入门"。

2. 服务手段由传统型向现代化转变

信息技术、数据库技术以及多媒体技术的发展使得档案信息服务手段发生了巨大的转变。借鉴相关学科数字化发展的研究成果,实现档案管理现代化应借助于数字化综合管理信息系统,把分散于不同载体、不同地理位置的档案信息资源以数字化的形式储存,以基于对象管理的模式管理,以网络化的方式互相连接,从而提供及时利用,实现档案信息资源共享。我国是发展中国家,经济和技术条件的制约决定了档案管理手段转变的长期性,传统的档案馆信息服务技术与服务手段将得到一定程度上的扬弃,将以新的信息传播循环方式提供档案信息服务。

3. 服务内容由单一型向多元化发展

通过网络等信息技术与其他档案馆、信息机构及整个社会信息资源建立起紧密的联系。其信息服务将增加新的内容,诸如档案信息资源网络化组织管理、档案信息资源的网络导航、档案信息的数字化开发与提供利用、档案用户的教育培训等。例如,在档案利用者的教育培训方面,就要在对利用者进行传统档案检索和获取方式的培训基础上,重点帮助利用者学会如何利用数字化的信息资源、如何选择档案信息数据库、如何从网上获取所需的档案信息、如何操作远程通信软件等。档案信息组织方式、检索方式、采集方式,较之其他类型的文献信息来说,具有复杂多样、技术含量高、对利用者信息能力要求高等特点,而我国熟练使用档案信息的人很少,所以对档案利用者的信息检索能力、信息获取能力、信息筛选能力、信息识别能力的培养是档案信息服务的一项重要内容。

4. 档案资源由封闭向开放转变

在网络环境下,档案馆信息服务资源已不再仅仅局限于馆藏档案信息量等指标,而是着眼于档案馆获取档案信息、提供档案信息的能力。所以,档案馆除在充分开发利用本馆馆藏档案信息外,还必须通过网络检索利用其他档案馆馆藏信息和网上信息资源。建立档案信息资源的现代化管理系统,将档案信息纳入计算机网络,从而达到最快捷的信息资源利用效果。通过网络等信息技术实现档案信息价值的最大化,并最终取得档案信息服务于社会的最佳效果。这需要一个过程,从单机操作到建立档案管理信息系统网络、连接有关信息机构网站,最终并入国际互联网。从我国现实情况来看,这将有一个长远的过程,然而这必将是档案馆信息服务发展的终极目标。

5.档案资源由单一型向多类型转变

档案馆提供的单一信息服务的资源是以收藏纸质档案为主要内容。在网络环境下,档案馆综合信息服务模式的服务资源则要朝着多种载体形式并存的方向发展,包括各种电子文件、光盘、多媒体、缩微载体和声像载体等,尤其要增加数字化馆藏资源的建设。网络环境下的数字档案馆所拥有的完整的馆藏含义应该是"物理实体馆藏+数字化馆藏"。

我国档案馆在档案信息数据库建设方面的任务是:在保留传统档案文献的同时,应通过协作与协调,在一定程度上对馆藏资源进行数字化,要注意将各馆独特价值的馆藏文献数字化,制成光盘或上网传播,使各馆上网信息独具特色,并在此基础上形成一个档案信息网络。

二、馆藏档案数字化应用

为适应公众网络化查档和档案信息化管理的多元化需求,馆藏档案数字化应用系统的建设已成为现代档案管理的一项重要内容,对档案工作者而言,这也是一项全新的任务,需要在充分认识到馆藏数字化重要性和必要性的基础上,采取有效的策略和方法,开展馆藏档案数字化系统的建设和有效使用。

(一)馆藏档案数字化的意义和任务

中共中央办公厅、国务院办公厅联合发布的《关于加强信息资源开发利用工作的若干意见》中明确指出:"各级党委和政府必须担负起加强信息资源开发利用工作的重要责任,采取有效措施,抓紧解决工作中存在的问题,不断提高信息资源开发利用水平。"档案信息资源的开发与利用是现代档案工作的重中之重。档案作为一种特殊的文化资源,是国家信息资源的重要组成部分,它的开发与利用具有非常广泛的社会价值和实际意义。馆藏档案数字化工作主要包括两项任务:一是将传统载体档案目录进行数字化;二是将档案内容进行数字化。

(二)馆藏档案数字化的思路与方法

1. 做好馆藏档案数字化的前期基础工作

需要对哪些档案进行数字化,采取什么方法来开展,数字化加工需要购买哪些设备,除此之外还需要做哪些准备工作以及如何做等,都是馆藏数字化的前期基础性准备工作。

(1)做好可行性论证

要根据档案利用的需要、资金情况、馆内人员知识结构、馆内软硬件平台、馆内信息化应用现状等基本状况,在充分了解和认识馆藏档案数字化系统建设的复杂程度和技术要求之后,做好馆藏数字化系统建设的可行性论证工作,确保系统建设自始至终不被中断,确保数字化后的档案信息能够真正使用起来,见到实效。

(2)选择数字化加工方式

数字化是保管档案过程中所做的一项技术性较强的现代化处理工作,这对习惯了传统管理工作的档案工作人员来说,具有较大的难度。因此,需要提前做好规划,明确系统建设的实施方案。主要包括馆藏档案数字化系统分几个阶段完成,每个阶段的任务和目标是什么,应对哪些档案做数字化加工和处理,数字化加工处理过程中的安全控制、进度控制、质量控制和成本控制等过程中应采取的方法与策略,数字化后的档案信息如何与现有的计算机信息系统实现集成,如何发布档案信息以提供利用,如何解决备份和长久保存等问题,这些都需要提前做好解决方案,并在档案工作人员和数字化加工协作人员之间达成共识后,才能开始工作。边加工边讨论的方式只能导致工期拖长、见效缓慢、安全性保障难,甚至导致项目失败。

(3)筹备和落实资金

数字化加工的任务单靠档案馆的人力很难完成,往往需要采取商业化的运行模式或外协加工。另外,加工完成后,还需要购买网络化存储设备提供档案信息服务与利用,需要购买各种存储介质进行数据备份,而且数字化加工过程还需要购买保障安全的监控设施和扫描设备,系统实施后还需要聘用系统管理和数据管理人员开展大量运行与维护工作。建立馆藏档案数字化系统需要的资金大概包括:①扫描并且进行全文数字化加工的费用;②数据发布系统的购买费用,包括全文检索、模糊检索、多分类系统、图文关联、元数据编辑器等功能;③购买服务器的花费;④进行馆内人员培训、引进网络管理员和系统管理员等都需要资金。因此,在进行馆藏档案数字化之前,应在资金准备上给予充分重视。

2.确定数字化加工的协作模式

档案内容数字化工作包括数字化预加工和深加工两步。预加工是能够将纸质档案、照片档案、缩微胶片等转变为电子图像文件,不能将纸质档案上的文字信息进行完全处理;深加工则是利用技术含量较高的 OCR 和语音识别等处理技术获取载体档案中的文字信息,以利于提供全文检索。

3.保障数字化档案信息的真实性

在馆藏档案数字化过程中,数字化档案信息的真实性、完整性保障主要体现在档案实体的扫描加工和档案目录的数字化两个方面。

(1)扫描加工过程中的真实性保障

馆藏数字化档案信息在其形成、管理和提供利用的过程中,制定保障档案信息真实性的规章制度是非常重要的,各个阶段的安全保障侧重点不完全相同。

(2)数字化档案目录信息的真实性保障

数字化档案目录信息一般都存储在数据库文件中,它的安全性主要取决于数据库管理系统自身的管理能力,它的真实性主要取决于档案管理员"依法管档"的严格程度。这一部分数据是管理人员根据档案原件提取出来的、用来描述档案原件核心内容的元数据信息(也可能是电子文件自动归档过程中通过预先设定的规则自动生成的、描述文件属性的元数据信息),但这一部分信息并不像档案原件那样具有凭证性作用,它只是为了方便管理和快速检索而形成的,并且在以后的管理过程中某些信息可能会改变。

4. 加强数字化档案信息的整合与集成

馆藏档案数字化和电子文件归档后,产生了大量的数字化档案信息,如果只将其刻录于光盘或存储在磁盘中,不提供系统化的档案利用服务,是错误的和无意义的,也不是馆藏档案数字化的真正目的所在。一些档案馆在开展数字化之前就使用了档案管理信息系统来管理档案的目录信息,并在馆内提供档案目录信息的检索服务,也有一些档案馆在开展数字化的同时也建立起电子文件归档系统,收集电子文件并整理其目录信息,还有些是将馆藏档案数字化作为档案信息化的启动工程。但无论是哪种情况,都需要处理好当前档案馆面临的电子文件归档、馆藏档案数字化和对传统载体档案管理的业务关系,将这三项主要工作形成的数字化档案目录信息和档案内容对象实行同步管理,对于电子档案有纸质备份的或纸质档案有数字化拷贝的,都需要做关联处理,做到同一档案内容的一致性管理。

否则,在档案馆分别建立电子文件管理系统、馆藏档案数字化管理系统、纸质档案管理系统,必然会造成系统间数据重复,甚至不一致,从而增加管理的复杂程度。

5. 保障数字化档案信息的存储安全

数字化档案信息的安全管理是档案信息化应用的前提条件。档案安全管理的重要性是由档案本身和档案管理的性质决定的,档案信息化建设必须充分考虑电子环境、应用系统和档案数据存储等方面的安全问题,要正确处理方便、高效使用与安全管理的关系,不能因过分考虑安全而限制了档案信息的网络化传输与使用,这样将极大降低网络化应用系统的使用价值。对于数字化档案的网络化存储系统,一方面要求使用带自动备份功能的专用服务器和数据库管理系统,能够配置备份作业计划并安全执行,如光盘库、磁盘阵列、专用网络存储设备等,对备份信息能够实现数据的迁移和方便的恢复;另一方面也应同时使用安全介质备份,定期刻录(复制)备份信息,实行异地保管。

6.提供数字化档案信息的方便利用

馆藏档案数字化的一个根本目的是方便利用,如果将数字化后的图像刻录成光盘存放在库房中,与纸质档案采用同样的管理方式,那么数字化的效果就很难体现出来。只有真正将档案的数字信息放在网络环境中,提供网络化的高效服务,才能确保投资有收益。

参考文献

[1]毕然,严梓侃,谭小勤.信息化时代企业档案管理创新性研究[M].北京:新华出版社,2022.

[2]董巧仙.档案管理信息化[M].郑州:大象出版社,2008.

[3]高鹤林,方建,刘铮.档案信息化管理与建设研究[M].延吉:延边大学出版社,2020.

[4]郭美芳,王泽蓓,孙川.档案信息化建设与管理[M].长春:吉林人民出版社,2021.

[5]郝飞,袁帅,李伟媛.现代档案管理与实践应用研究[M].长春:吉林人民出版社,2021.

[6]黄亚军,韩国峰,韩玉红.现代档案信息化管理与建设研究[M].长春:吉林人民出版社,2021.

[7]林婷婷,冯秀莲,林苗苗.档案信息资源与数字化管理开发研究[M].哈尔滨:哈尔滨工程大学出版社,2022.

[8]刘秀菊.大数据环境下档案信息化管理与创新策略研究[M].北京:原子能出版社,2022.

[9]刘亚静.档案管理信息化与自动化探索[M].天津:天津科学技术出版社,2018.

[10]刘祎.档案管理[M].长春:吉林人民出版社,2018.

[11]马仁杰,张浩,马伏秋.社会转型期档案信息化与档案信息伦理建设研究[M].上海:世界图书上海出版公司,2014.

[12]彭德婧,王艾,阴志芳.信息化背景下图书和档案管理创新研究[M].长春:吉林出版集团股份有限公司,2021.

[13]王辉,关曼苓,杨哲.大数据环境下档案信息化管理[M].延吉:延边大学出版社,2018.

[14]王庆汉.信息化视角下的高校档案管理建设与创新[M].哈尔滨:北方文艺出版社,2022.

[15]王雅琼,王瑞,刘幸幸.档案信息化建设与管理创新[M].哈尔滨:北方文艺出版社,2022.

[16]吴良勤,付琼芝.信息工作与档案管理第2版[M].武汉:华中科技大学出版社,2017.

[17]谢玉娟,宋欢,刘翠红.档案信息化建设与信息资源存储研究[M].北京:中国商务出版社,2023.

[18]徐世荣.档案信息化建设与管理创新研究[M].长春:吉林文史出版社,2021.

[19]张仁芬.档案信息化管理[M].长春:吉林摄影出版社,2019.

[20]赵丽颖,芦利萍,张晨燕.档案管理实务与资料整理[M].长春:吉林人民出版社,2021.

[21]赵娜,韩建春,宗黎黎.信息化时代的档案管理精要[M].天津:天津科学技术出版社,2018.

[22]赵旭.档案信息化建设的理论与实践研究[M].北京:科学技术文献出版社,2021.

[23]周彩霞,曹慧莲.档案管理信息化建设理论与实践探索[M].北京:北京工业大学出版社,2021.

[24]周耀林,张晓娟,肖秋会.档案学研究进展[M].武汉:武汉大学出版社,2018.

[25]邹佳倢,廖淑莉,孙敬懿.现代档案信息化管理与建设研究[M].长春:吉林人民出版社,2022.